THE PURPOSE DRIVEN®
Curriculum

목적이 이끄는 양육

101과정

인도자용

Originally published in the U.S.A. by PurposeDriven Inc.
under the title *C.L.A.S.S.101:Leader's Guide-Discovering Church Membership*
Copyright © by Rick Warren
All rights reserved.

Korean translation copyright © 2010 by DMI Press

본 저작물의 한국어판 저작권은 PurposeDriven과 독점 계약한 국제제자훈련원에 있습니다.
신 저작권법에 의하여 한국 내에서 보호받는 저작물이므로 무단 전재 및 복제를 금합니다.

목적이 이끄는 양육 | 101과정 인도자용 |

개정판 1쇄 발행 2010년 10월 15일
개정판 34쇄 발행 2014년 11월 20일

지은이 릭 워렌 **엮은이** PD Korea

펴낸이 박주성
펴낸곳 국제제자훈련원
등록번호 제2013-000170호(2013년 9월 25일)
주소 서울시 서초구 효령로68길 38 (서초동)
전화 02-3489-4300 **팩스** 02-3489-4329
E-mail dmipress@sarang.org

본서에 게재된 「성경전서 개역개정판」, 「성경전서 표준새번역」, 「성경전서 새번역」의 저작권은 재단법인 대한성서공회, 「현대인의성경」의 저작권은 생명의말씀사의 소유로 허락을 받고 사용하였습니다.

국제제자훈련원은 건강한 교회를 꿈꾸는 목회의 동반자로서 제자 삼는 사역을 중심으로 성경적 목회 모델을 제시함으로 세계 교회를 섬기는 전문 사역 기관입니다.

THE PURPOSE DRIVEN®
Curriculum

목적이 이끄는 양육

101과정

인도자용

국제제자훈련원

차례

서문 · 6
교재의 구성 · 10
교재의 진행 · 11
101과정의 개요 · 20

제 1 장   우리의 구원 · 29
    I. 나는 왜 이 땅에 존재합니까?
    II. 무엇이 문제입니까?
    III. 무엇이 해결책입니까?
    IV. 하나님께서는 무엇을 원하실까요?

제 2 장 – 우리 교회의 목적 진술 · 57
    I. 우리 교회의 목적 진술
    II. 우리 교회를 향한 하나님의 목적
    III. 우리 교회가 지속적으로 성장해야 하는 이유는 무엇입니까?
    IV. 우리 교회의 신앙고백
    V. 이런 삶을 사십시오

제 3 장 – 우리 교회의 전략 · 105
    Ⅰ. 우리가 전도 대상으로 삼는 사람들
    Ⅱ. 헌신의 동심원
    Ⅲ. 성장을 위한 우리 교회의 서약

제 4 장 – 우리의 참여 · 119
    Ⅰ. 하나님께서 바라시는 교회의 구조
    Ⅱ. 하나님과 나의 하나 됨 : 세례(침례)
    Ⅲ. 하나님의 가족과의 친교 : 성찬
    Ⅳ. 영적 가족의 지체가 되는 것

등록교인 서약 · 155
등록 신청서 · 163
101과정 초청편지 · 167

서문

새들백 교회에서는 수많은 사람들이 〈목적이 이끄는 양육〉 과정을 통해서 그들의 삶을 주님께 헌신해 왔다. 이 네 과정은 새들백 교회의 목적이 이끄는 사역 전략의 핵심 프로그램이다. 각 과정은 분명한 목적을 가지고 운영되며, 각각 다른 수준의 사람들이 그들의 영적 성장을 이루는 일에 집중한다.

새들백 교회는 수년 동안 이 과정을 진행하면서 효과적으로 인도하는 세 가지 방법을 습득했다. 각 교회마다 상황이 다르기 때문에 일반화하기는 힘들겠지만, 여러분이 섬기는 교회에서 〈목적이 이끄는 양육〉을 도입할 때 고려해 보기 바란다.

가능하다면 네 가지 과정을 동시에 운영하라. 많으면 많을수록 더 큰 힘을 발휘하게 된다. 각각 다른 주에 네 가지 과정을 따로 운영하는 것보다는 같은 날에 과정을 개설하는 것이 더욱 좋다. 그래서 새들백 교회는 한 달에 한 번 동시에 모든 과정을 개설한다. 어떤 교회는 101과정은 매달 운영하지만, 다른 과정들은 몇 달에 한 번 운영하는 것을 보았다. 그러나 동시에 네 가지 과정을 운영해 보는 것을 추천한다. 네 가지 과정을 동시에 운영하면 사람들에게는 더 많은 선택권이 생긴다. 예를 들어, 부인은 101과정을 끝냈는데 남편은 끝내지 못할 수도 있다. 그러면 부인은 201과정에 참여하면 되고 남편은 101과정으로 가면 된다. 게다가 행정적인 일과 간식비용도 줄일 수 있다.

가능한 자주 개설하도록 하라. 우리는 보통 몇 개월의 기간을 두어서 각 과정에 더 많은 사람들이 참여하도록 한다. 하지만 오히려 이 과정을 자주 하면 할수록 더 많은 사람들이 참석할 것이다. 이 양육과정을 자주 운영한다는 것은 사람들에게 더 많은 선택권을 준다는 뜻이다. 자주 열지 않으면 사람들은 더욱 참석하지 않게 된다.

　각각의 과정을 4시간 세미나로 운영하라. 많은 교회들이 주일에 이 과정을 운영하는 것으로 알고 있다. 보통 3주에서 4주 프로그램으로 운영할 것이다. 이렇게 하면 분명 여러 가지 이점이 있다. 4주 이상 관계를 지속할 수도 있고, 충분히 시간을 가지고 강의를 할 수 있다.

　그런데 이렇게 순차적으로 〈목적이 이끄는 양육〉 과정을 운영하다 보면 몇 가지 문제가 발생되기도 한다. 이 과정이 진행되는 동안 새로운 사람이 오게 되면 그 사람은 놓친 주간의 내용을 알고 싶어 할 것이다. 사실 그 내용을 알아야만 한다. 하지만 내용을 모르기 때문에 과정에 참여하기가 어려워진다. 게다가 한 번 결석을 했기 때문에 과정을 수료하지 못하고 다음 차례가 돌아올 때까지 기다려야 한다.

　하지만 하루에 모든 과정을 동시에 운영하게 되면 일단 이 과정을 시작한 사람 대부분이 끝을 맺을 수 있게 된다. 사실 단 몇 시간 만에 사람들이 성장하는 데 필요한 모든 정보를 제공할 수는 없다. 그러나 사람들이 헌신할 수 있게 도와줄 수는 있다. 어떤 형태로든지 이 과정의 모든 내용을 공부하게 되면 하나님께서 그들과 교회를 통해서 이루길 원하시는 비전을 발견하기 시작할 것이다.

　〈목적이 이끄는 양육〉은 사람들을 영적으로 성장시킬 수 있는 훌륭한 도구다. 사람들한테 정보를 주기 때문이 아니라, 그들에게 영적인 변화를 일으킬 수 있는 헌신을 이끌어 내기 때문이다. 지금까지 내가 나눈 이야기는 단지 새들백 교회의 예에 지나지 않는다. 여러분의 교회에서 어떻게 이 과정을 인도하든지 간에, 이 프로그램을 통해서 많은 사람들의 삶이 변화되고 헌신의 자리로 나아가게 될 것이다.

톰 할러데이 Tom Holladay _새들백 교회 교육목사

목적이 이끄는 양육을 한국 교회에 소개합니다

영적으로 성숙한 교회는 교회를 섬기는 모든 사역자들의 소망일 것이다. 〈목적이 이끄는 양육〉은 바로 이런 소망을 이루기 위해 마련되었다. 본 교재는 릭 워렌이 집필한 새들백 교회의 C.L.A.S.S.(Christian Life And Service Seminars)라는 커리큘럼을 한국화한 것이다. 건강한 교회론을 바탕으로 성도들의 영적 수준에 따라 다음 단계로 성장하도록 돕기 위해 쉽고 체계적으로 구성되었다.

본 교재는 야구장 모형을 따라 전체가 네 과정으로 구성되었다. 교회 입문과정인 101과정은 '가족으로서의 교회'에 대해 다룬다. 201과정에서는 '성장하는 곳으로서의 교회'에 대해 다룬다. 301과정에서는 '사역의 한 팀으로서의 교회'를 이야기한다. 그리고 401과정에서는 '군대로서의 교회'를 다룬다. 한 성도가 지역 교회의 가족이 되고, 본 교재의 과정을 따라 착실하게 배우고, 서약한 대로 실천하는 삶을 산다면, 성도들은 하나님 나라의 군대로 변화될 것이다.

새들백 교회가 강조하는 것은 교회의 건강성이다. 교회가 병들지 않고 건강하면 교회는 성장하게 된다는 것이다. 교회의 건강성을 확보하는 비결은 성경에서 말하는 목적들이 균형 있게 성취되는 것이다. 릭 워렌이 말하는 '목적이 이끄는 교회'는 예배, 교제, 훈련, 사역, 그리고 전도라는 다섯 가지 목적이 균형을 이루는 교회다. 〈목적이 이끄는 양육〉은 교회에 처음 출석하는 새신자부터 일반 성도들까지 이 다섯 가지 목적이 균형을 이루는 건강한 그리스도인으로 성장할 수 있도록 도와줄 것이다.

교회마다 각각의 다른 전략과 스타일을 가지고 있다. 어떠한 교회도 모든 사람의 흥미를 끌 수는 없다. 모든 사람들을 애청자로 만드는 라디오 방송이 없는 것처럼, 모든 사람에게 매력을 끌 만한 교회는 없다. 사람들이 서로 다르기 때문이다. 사람들은 각기 다른 필요와 다른 개성을 가지고 있다.

　이 교재를 통해 각각의 성도들은 하나님의 강한 군대로 세워지는 한국 교회가 되기를 바란다. 본 교재를 토대로 보다 한국적인 상황에 맞는 자료들이 개발되고 본 교재를 다양한 형태로 활용할 수 있기를 바란다. 새들백 교회가 각 과정을 4시간의 세미나로 운영하고 있지만 이 원칙을 그대로 따를 필요는 없다. 어떤 교회는 시간을 나눠서 4주 동안의 프로그램으로 운영할 수도 있다. 각 교회의 상황을 가장 잘 아는 사람은 바로 당신이다. 각각의 지역 교회의 상황과 문화에 따라 효과적으로 변형해서 사용하기를 바란다.

　이제 101과정을 시작하는 성도가 401과정을 마무리할 때에는 하나님 나라의 군사가 될 것이다. 아무쪼록 그들의 삶의 영적 전투에서 승리했다는 소식이 곧 들려오길 소망해 본다.

　"병사로 복무하는 자는 자기 생활에 얽매이는 자가 하나도 없나니 이는 병사로 모집한 자를 기쁘게 하려 함이라"(딤후 2:4).

김명호 국제제자훈련원 대표

교재의 구성

강의안은 최대한 쉽게 가르칠 수 있도록 만들어졌다. 각 단락마다 어떻게 가르쳐야 할지 안내해 주는 상세한 강의 노트가 들어 있다. 강의 노트는 강의 현장과 같은 느낌을 경험할 수 있도록 릭 워렌과 새들백 교회 전문 강사들의 강의를 녹취해서 만든 것이다. 인도자는 이 강의 노트를 참고해서 인도하는 목회자와 교회의 스타일에 맞게 변형해서 사용해야 할 것이다.

1. 특별한 경우를 제외하고 이 교재의 모든 성경은 '개역개정'판을 사용했다.
2. 각 장이 시작될 때 그 장의 개요를 첨가해서 큰 그림을 그릴 수 있게 했다.
3. 새들백 교회 전문 강사들의 예화를 별도로 표시했다.
4. 새들백 교회에서 발간된 다른 자료를 사용할 수 있도록 '참고사항'을 첨가했다.
5. 참가자용 교재와 번갈아 가며 볼 필요가 없도록, 참가자용 교재의 내용과 중복되는 부분은 굵은 글씨체(검정)로 표기했다. 인도자용 교재 한 권만 가지고도 인도할 수 있다.
6. 참가자용 교재의 빈칸에 들어갈 답 밑에 밑줄이 있다. 답을 써넣는 형식을 사용한 데는 두 가지 이유가 있다. 첫째, 배운 것을 오랫동안 기억할 수 있도록 하기 위해서다. 연구에 따르면, 우리는 들은 것의 95퍼센트를 72시간 후에 잊어버린다고 한다. 그러나 듣고 써 본 것은 72시간 후에도 70퍼센트를 기억한다고 한다. 둘째, 나중에 참가자들이 이 과정을 다시 찾아볼 때 쉽게 기억할 수 있도록 하기 위해서 밑줄을 이용했다.
7. '인도자를 위한 팁'을 첨부했다. 인도자용 교재는 수십 개의 조언이 여기저기 배치되어 있다. 이 조언들은 사람들을 가르치는 내용에 집중시키도록 도와줄 것이다.

교재의 진행

목적이 이끄는 양육은 모두 4권 14과로 구성되어 있다(101과정-4장, 201과정-3장, 301과정-4장, 401과정-3장). 각각의 과정은 하나님이 교회를 세우는 목적(예배, 교제, 훈련, 사역, 전도)에 초점이 맞춰져 있다. 우리는 이 네 가지 과정을 통해 성도들이 매일의 삶 속에서 하나님의 목적을 이루어가도록 도울 것이고, 성도들은 점진적으로 성숙한 성도로 자라게 될 것이다. 이 과정은 하루 과정(One Day 세미나) 혹은 14~16주 과정으로 진행할 수 있다. 다음 도표와 설명을 참고하라.

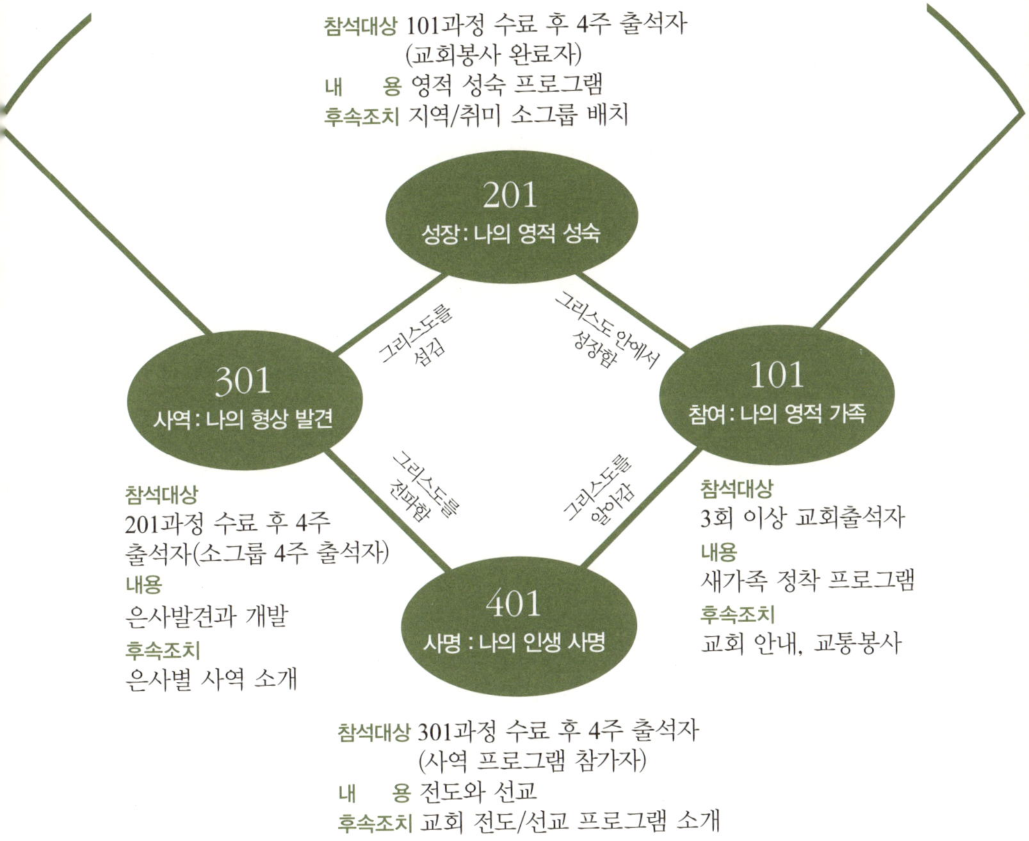

201 성장 : 나의 영적 성숙
참석대상 101과정 수료 후 4주 출석자
(교회봉사 완료자)
내　용 영적 성숙 프로그램
후속조치 지역/취미 소그룹 배치

301 사역 : 나의 형상 발견
참석대상
201과정 수료 후 4주
출석자(소그룹 4주 출석자)
내용
은사발견과 개발
후속조치
은사별 사역 소개

101 참여 : 나의 영적 가족
참석대상
3회 이상 교회출석자
내용
새가족 정착 프로그램
후속조치
교회 안내, 교통봉사

401 사명 : 나의 인생 사명
참석대상 301과정 수료 후 4주 출석자
(사역 프로그램 참가자)
내　용 전도와 선교
후속조치 교회 전도/선교 프로그램 소개

그리스도를 섬김 / 그리스도 안에서 성장함 / 그리스도를 전파함 / 그리스도를 알아감

(1) One Day 세미나

새들백 교회에서 진행되는 〈목적이 이끄는 양육〉 세미나는 하루 4시간 동안 이루어지는 1일 집중과정이다. 매달 정해진 주의 같은 시간에 개설해서 진행하는 것이다. 하지만 교회에 4가지 모든 과정을 동시에 인도할 수 있는 목회자(혹은 평신도 지도자)가 없다면, 각 과정을 따로 개설하여 운영하여야 할 것이다.

옵션 1 – (토요일 오후) 하나의 강의 개설
담임목회자가 전체 강의를 진행해야 할 경우 주일 오후에 4시간을 할애하기가 쉽지 않을 것이다. 이런 경우는 토요일 오후에 강의를 개설하는 것이 좋다. 그리고 필요한 강의를 하나씩 해 나가면서 부교역자나 사모 혹은 평신도 리더 중에서 함께 강의를 해 나갈 사람을 준비해야 할 것이다.
  2:00 ~ 2:10 – 찬양
  2:10 ~ 4:00 – 강의 1
  4:00 ~ 4:10 – 휴식
  4:10 ~ 6:00 – 강의 2
  6:00 ~ 7:00 – 식사(만찬)

옵션 2 – (토요일/주일 오후) 전체 과정 개설
담임목회자와 함께 강의를 진행할 수 있는 강사와 장소가 충분하다면, 주일 오후에 전체 과정을 개설하는 것이 좋다.
  12:00 ~ 1:00 – 식사
  1:00 ~ 1:10 – 찬양
  1:10 ~ 3:00 – 강의 1
  3:00 ~ 3:10 – 휴식
  3:10 ~ 5:00 – 강의 2

새들백 교회의 예

새들백 교회는 주일 오후 3시에 시작해서 오후 7시 30분까지 프로그램을 진행한다. 선택과정으로 개설되는 프로그램은 고정적으로 반복되지는 않는다. 필요와 상황에 따라서 다른 프로그램으로 진행되기도 한다. 아래는 그동안 진행했던 과정들이다.

과정	새들백 프로그램
102과정	Victory in Christ
103과정	Developing Your Personal Relationship with God
104과정	How to Spread the Good News to Others
105과정	How to Begin to Build Disciples
202과정	Knowing Your Bible
203과정	Learning to Pray
204과정	Developing Values and Character
205과정	Discovering Your Potential For Ministry
302과정	Your Life Review
402과정	My Community
403과정	Crossing Cultures
404과정	Global - Getting Started

(2) 14~16주 과정(한국 교회 접목의 예)

교회의 상황에 맞추어 각 과정의 분량에 맞추어 3주 혹은 4주에 나누어서 인도할 수도 있다. 그러나 3~4주에 나누어서 진행하는 경우에는 참가자들의 결석하는 문제가 있고, 1일 집중 세미나보다 그 효율이 떨어지는 약점이 있다.

한국 교회 실정에서 〈목적이 이끄는 양육〉과정을 기초 양육 프로그램으로 정착시키기 위해서는 다음과 같이 필수과정 혹은 선택과정으로 나누어 사용할 수 있을 것이다. 이론적으로는 필수 양육과정인 14주 강의를 수료하고 각 과정의 4주간의 실천기간을 수료하면, 30주 안에 교회에 정착할 뿐만 아니라 교회의 철학을 이해하고 일정 부분 교회의 사역에 참여하는 성도로 성숙될 수 있다.

교회의 상황에 따라서 101~401까지 필수과정을 수료한 성도들 중에서 소그룹 리더의 자질을 가진 사람이 발견된다면, 다른 양육과정을 거치지 않고, 초급 훈련프로그램(제자훈련)으로 갈 수 있는 길을 열어 줄 수도 있을 것이다.

필수과정	내용
101과정(4주) 나의 영적 가족	100단위 선택과정을 수강하기 위해서 꼭 수료해야 할 교인등록과정
선택과정	대체 가능 프로그램
102과정	새신자반
103과정	목적이 이끄는 40일 캠페인(매년 1~2회 상설과정)
104과정	목적이 이끄는 삶 소그룹 시리즈(40주)
105과정	구약·신약의 파노라마(디모데 성경연구원)

필수과정	내용
201과정 나의 영적 성숙	200단위 선택과정을 수강하기 위해서 꼭 수료해야 할 양육과정

201과정을 개설하기 전 교회 내의 소그룹 사역이 활성화 되어 있는지 점검할 필요가 있다. 소그룹 리더 개발을 위해서는 국제제자훈련원의 〈목적이 이끄는 소그룹〉세미나, 〈균형 잡힌 소그룹 지도자〉세미나를 활용할 수 있다.

선택과정	대체 가능 프로그램
202과정	성경대학(크로스웨이, 베델 등)
203과정	교리대학(목적이 이끄는 기독교 기본교리 등)
204과정	일대일 양육(두란노)

필수과정	내용
301과정 나의 형상 발견	300단위 선택과정을 수강하기 위해서 꼭 수료해야 할 양육과정

301과정을 개설하기 전 교회 내의 사역 소그룹이 활성화되어 있는지 점검할 필요가 있다. 사역개발을 위해서는 국제제자훈련원의 『볼런티어 리더십 시리즈』를 참고할 수 있다.

선택과정	대체 가능 프로그램
302과정	네트워크 은사배치(프리셉트)
303과정	전방향 리더십(국제제자훈련원)

필수과정	내용
401과정 나의 인생 사명	400단위 선택과정을 수강하기 위해서 꼭 수료해야 할 양육과정

401과정을 개설하기 전 교회 내의 전도 프로그램이 활성화 되어 있는지 점검할 필요가 있다. 〈목적이 이끄는 양육〉은 영혼 구원에 중점을 두고 집필된 교재다.

선택과정	대체 가능 프로그램
402과정	공동체를 세우는 40일 캠페인(PD Korea)
403과정	전도폭발(국제전도폭발)
404과정	해외단기선교

인도자를 위한 팁 — 효과적인 사역을 위해

1. 현재 리더들을 먼저 참여시켜라. 기성 교회에서 〈목적이 이끄는 양육〉 프로그램을 접목할 때, 먼저 101과정부터 401과정까지 기존의 평신도 소그룹 리더들이 적극적으로 참여할 수 있도록 해야 한다.

2. 〈목적이 이끄는 양육〉 사역은 담임목사와 평신도 지도자가 팀을 이루어 열매를 맺는 사역이 되어야 한다. 그러기 위해서는 모든 교역자와 평신도 지도자들이 함께 참여해서 같은 철학을 공유해야 한다. 과정을 개설하는 것 자체로 열매를 맺는 것이 아니다. 담임목사와 담당 사역자는 각 과정의 내용과 철학을 충분히 습득해야 한다. 국제제자훈련원에서 출간한 13주 과정의 교회와 비전 시리즈 『목적이 이끌어 가는 교회』를 참고하라.

3. 〈목적이 이끄는 40일 캠페인〉을 먼저 실시한 다음 〈목적이 이끄는 양육〉 프로그램을 접목하는 것이 효과적이다.

목적이 이끄는 양육을 위한 준비 과정

1. 이 사역을 위한 중보기도 사역자를 모집해서 운영하라.

2. 집중세미나를 하기 위해서는 무엇보다도 홍보가 중요하다. 이메일, 교회 홈페이지, 소책자, 소그룹, 설교 시간을 통해서 〈목적이 이끄는 양육〉 과정의 목적과 유익에 대해서 널리 알려야 한다.

3. 편지를 이용해서 개별적으로 광고하라. 새들백 교회에서는 예배 참석 3주차인 사람에게 방문감사 편지(101과정 초청편지)를 보내어, 101과정에 참석할 것을 추천한다. 방문감사 편지의 예는 부록을 참고하라.

4. 참가자의 숫자에 맞는 적당한 공간을 준비하라. 너무 커서 썰렁하지 않도록 하라.

5. 강의 시간 전에 너무 풍성한 식사는 오히려 강의를 방해한다. 샌드위치 정도의 간단한 음식을 준비하라. 식사 시간도 20분 정도로 빨리 마칠 수 있도록 하라.

6. 테이블에 공부할 모든 자료를 준비하라. 교재, 펜, 후속자료 등과 함께 물과 피로를 회복할 수 있는 간단한 간식을 준비하라. 특별히 물을 충분하게 준비해야 한다. 오래 앉아 있으려면 미네랄이 필요하다.

7. 가르치는 사람은 캐주얼한 복장이 좋다. 참석자들도 자연스러운 복장으로 참여하는 것이 좋다.

8. 가능하다면 둥근 테이블을 준비해서 참석자들이 자연스럽게 서로 대화할 수 있도록 하라.

9. 4시간 동안 참가자들의 자녀를 돌볼 수 있는 공간을 준비하고 자원봉사자를 모집하라.

목적이 이끄는 양육의 진행

1. 먼저 하나님께 찬양과 경배를 드리고 성령 충만의 은혜가 각 과정을 공부하는 동안 함께하도록 기도하라.

2. 4시간의 집중세미나 경험이 즐거운 시간이 되도록, 마치 파티에 참석하는 느낌을 갖도록 준비하라. 그렇게 되기 위해서는 4시간에 맞게 공부할 자료를 준비해야 한다. 너무 많은 양을 전하려다 보면 강의의 분위기가 가라앉을 수 있다.

3. 이 과정에 참여해서 따뜻하고 부드러운 느낌을 받을 수 있도록 밝은 분위기를 만들어라.

4. 휴식시간을 적당하게 가지라. 그러나 휴식시간을 자주 가지면 집중력이 떨어진다. 4시간 강의 중 10분 정도의 시간을 한 번만 가지는 것이 좋다.

5. 강의할 때 참가자들이 강사를 통해서 섬김을 받는다는 느낌을 받을 수 있도록 하라.

6. 각 과정을 마칠 때마다 헌신을 요구하라. 과정을 마무리하면서 은혜로운 분위기 가운데 헌신 서약을 하는 것이 중요하다. 특히 교회 리더들이 서약에 응할 수 있도록 기대하며 그들을 이끌어라.

7. 어떤 이유로 헌신하지 않는 사람들이 있더라도 결코 실망하거나 낙심하지 말라. 헌신하지 않는 사람들은 언제나 있기 마련이다.

목적이 이끄는 양육의 행정처리

1. 다음 단계에 대한 안내를 확실하게 해야 한다. 철저한 후속사역 관리가 필요하다. 언제나 다음 과정에 대한 등록카드를 준비해 두고 곧바로 작성할 수 있도록 하라(등록신청은 받지만, 다음 단계 과정은 적어도 4주가 지난 이후에 시작해야 한다).

2. 각 과정을 마친 사람에게는 72시간 안에 연락을 해야 한다. 그래서 다음 단계에 등록할 수 있도록 안내해야 한다.

3. 수료자들에 대한 정보를 정리하라. 전화번호, 이메일 주소 등을 파악해서 계속해서 정보를 교환하고, 함께 참여해서 은혜를 나누게 되어서 감사하다는 감사 메시지를 꼭 보내도록 하라. 각 개인과 가족의 정보를 얻는 기회로 삼아라.

4. 지속적으로 발전하는 양육 세미나가 되기 위해서는 설문지를 활용해서 피드백을 받는 것이 좋다.

101과정

참여 : 나의 영적 가족
The Purpose Driven Curriculum

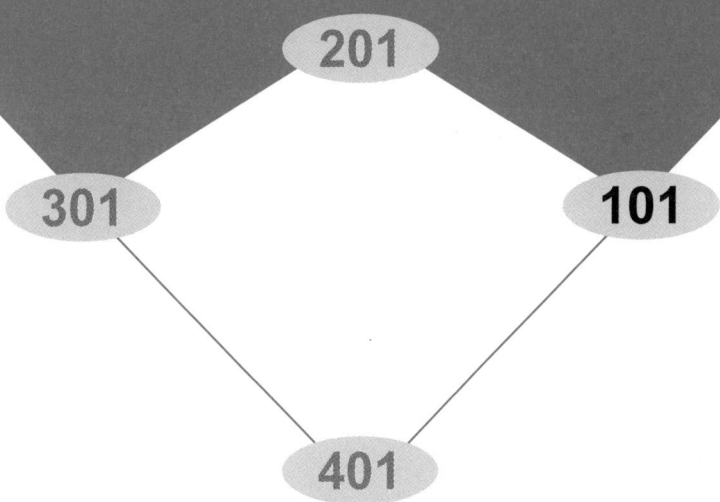

101과정의 개요

참가 자격 : 교회를 출석한 지 3주가 지나고 이 과정에 신청한 사람들을 대상으로 한다.

101과정은 교회에 소속된 등록교인에게 무엇을 기대하고 있는지 정확하게 이해할 수 있도록 도와줄 것이다. 이 과정은 '**그 내용과 헌신으로의 부름**'으로 결정되는 것이지 '**시간의 길이**'로 결정되는 것이 아님을 기억하기 바란다. 보통 이 과정에 참여하는 사람들은 아래와 같은 장애물들을 가지고 있다.

101과정 헌신의 장애물 : '군중'(주일 예배에만 출석하는 청중들)으로부터 '회중'(101과정을 마치고 등록교인이 된 성도들)이 되는 과정에서 '등록교인의 가치를 알지 못하는 것'과 '세례에 대한 부담감' 등이 장애물로 나타난다. 따라서 101과정은 이러한 장애물을 없애는 역할을 하게 될 것이다.

등록교인이 되는 것에도 헌신이 따른다. 따라서 등록교인이 될 때 누릴 수 있는 혜택을 분명하게 제시해서 동기를 부여하는 것이 필요하다. 소속이 주는 가치를 위해서 『새들백 교회 이야기』(p. 351)를 참고하라.

주의 : 이 과정을 4시간 One Day 세미나로 진행할 경우 한 부분에 집중하다 보면 정해진 시간을 넘기기 쉽다. 적당한 시간 조절이 중요하다. 깊이 없이 다루거나 너무 무리한 시간 사용을 자제해야 한다.

인도자를 위한 팁

1. **담임목사가 직접 인도하라.** 아래의 몇 가지 이유 때문에 담임목사가 101과정의 전부 또는 일부를 직접 가르치는 것을 추천한다. 새 교우들은 교회에 대한 담임목사의 비전을 보고, 교인들에 대한 그의 사랑을 느끼며, 그들을 돌보고 양육하며 인도하는 담임목사의 헌신을 보는 것이 중요하기 때문이다. 담임목사가 직접 모든 과를 진행하든지, 다른 교역자와 나누어도 괜찮다. 그러나 최소한 한 과 이상을 담임목사가 직접 인도하는 것이 좋다. 새들백 교회에서는 사모와 부교역자들이 함께 진행하고 있다.

2. **재미있게 인도하라.** 지루함을 피하는 방법으로 짧은 비디오 상영, 빈칸 채우기식의 노트를 사용하라. 또한 여러분이 섬기고 있는 교회의 역사, 가치와 목회 방향을 개인적인 간증과 함께 설명하도록 하라.

3. **대화식으로 인도하라.** 강의 후에 소그룹 토의와 식사를 나누는 것도 좋다.

4. **간단한 시험을 보도록 하라.** 새들백 교회는 101과정 끝에 간단한 시험을 본다. 이 시험의 목적은 우리 교회 교인이 될 사람들이 교회의 목적과 중요한 개념들을 얼마나 잘 서술할 수 있는지를 평가하는 것이다.

5. **다양한 연령 차이를 구별하라.** 참석자들의 나이에 따라서 강의의 방법은 달리 할 수 있다. 그러나 내용은 동일한 것을 다루어야 한다.

101과정

참여 : 나의 영적 가족
The Purpose Driven Curriculum

이 과정은 우리 교회에 소속된 영적 가족에 대한 기초적인 소개과정입니다. 저는 ○○ 교회를 담임하고 있는 ○○○ 목사입니다. 저에게 이 과정은 매우 흥미롭습니다. 이 과정을 여러 번 가르쳤지만, 결코 지겨운 적이 없었습니다. 우리는 이 과정을 통해 우리 교회의 영적 가족이 된다는 것이 무엇을 의미하고, 우리가 왜 이 일을 하고 있는지 함께 나누게 될 것입니다.

6페이지를 펴십시오.

101과정에 참여하신 여러분을 환영합니다!

여러분들이 우리 교회에 대해 더 많은 것을 알고자 시간을 내고 헌신하신 것에 대해 기쁘게 생각합니다. 101과정은 "나의 영적 가족"인 교회에 대한 기본적인 안내 역할을 합니다. 여러분은 101과정을 통해 우리 교회가 어떤 교회인지 알게 될 것입니다.

이 101과정은 4개의 장으로 구성되어 있으며 각 과는 약 1시간씩 소요됩니다.

1. 101과정의 기초

먼저 101과정의 기초가 되는 성경구절을 함께 읽고 나누어 보도록 하겠습니다. 101과정에서 처음으로 대하는 성경구절입니다. 큰 소리로 함께 읽어 보겠습니다.

> **인도자를 위한 팁**
>
> 성경구절을 읽을 때는 빨리 읽고 지나치기 쉽다. 그러나 성경의 내용을 원만히 전달하기 위해서 다음의 몇 가지를 참고하라.
> - 천천히 (그러나 너무 느리지 않게) 또박또박 읽으라.
> - 자연스럽게 (당신의 개성이 드러나게) 읽으라.
> - 핵심 단어(밑줄 그어진 부분)들을 강조하라.
> - 열정적으로 읽으라(당신이 진심으로 읽을 때 듣는 사람들도 당신의 진심을 느낀다).
> - 성경구절을 읽음으로써 주님에 대한 당신의 사랑을 표현하라.

"그러므로 이제부터 너희는 외인도 아니요 나그네도 아니요 오직 성도들과 동일한 시민이요 <u>하나님의 권속</u>이라"(엡 2:19).

이 과정의 기초가 되는 말씀은 6페이지에 있는 에베소서 2:19입니다.

'하나님의 권속'이란 단어에 밑줄을 치십시오. 그리고 그 밑에 '가족'이라고 쓰시기 바랍니다. 이 단어는 핵심적인 진리입니다. 이 단어들을 통해 우리는 성경에 관한 몇몇 중요한 핵심들과 성경이 교회에 대해 어떻게 말씀하고 있는지 알게 됩니다.

핵심적인 진리는 다음과 같습니다.

2. 핵심 진리

1. 교회는 영적 가족입니다.

성경은 '하나님의 권속'이라고 말하고 있습니다. 성경은 교회가 '가족과 같다'고 말하지 않고 '가족'이라고 말합니다. 교회는 영적인 가족입니다. 사실 영적인 가족은 육체적인 가족들보다 더 오래 지속됩니다. 성경은 천국에는 결혼이 없다고 말씀하고 있습니다. 그러나 천국에는 성도들이 있습니다. 우리는 모두 천국에서 한 가족이 될 것입니다. 그러므로 우리들의 관계는 이 세상에서 지금 살고 있는 피를 나눈 가족들보다도 더 오래 지속될 것입니다.

어떤 가족은 건강하고 어떤 가족은 병약합니다. 또 어떤 가족은 규모가 작고, 어떤 가족은 규모가 큽니다. 교회도 마찬가지입니다. 우리들은 교회를 통해 '건강한 영적 가족'을 만드는 것을 목표로 삼아야 합니다.

2. 하나님은 내가 영적 가족인 교회의 한 지체가 되기를 기대하십니다.

하나님의 말씀에 주목하십시오. "그러므로 이제부터 너희는 외인도 아니요 나그네도 아니요 오직 성도들과 동일한 시민이요"라고 말씀하십니다. 성경은 그것이 하나님의 뜻이라고 말합니다. 이것은 선택의 문제가 아닙니다. 모든 그리스도인들은 다른 영적인 가족이 필요합니다.

영적 가족이 없는 성도는 "난 축구를 하고 싶지만 어떤 팀의 멤버가 되는 것은 원치 않아" 혹은 "난 군인이 되기를 원하지만 어떠한 부대에 매이고 싶지는 않아"라고 말하는 것과 같습니다. 분명한 것은 우리의 신앙이 더욱 강해지기 위해서는 서로가 필요하다는 것입니다.

성경에서는 '교회'라는 용어가 두 가지 다른 방식으로 사용되고 있습니다. 먼저, 교회는 전 역사를 통틀어 존재했던 '모든 성도들'을 의미합니다. 우리는 그것을 '우주적 교회', 혹은 '보편 교회'라고 부릅니다. 교파에 상관없이 교회 건물 안에서든, 바깥에서든, 텐트에서든, 조그마한 움막 안에서든, 세계 어디에서든지 모든 믿는 성도들은 '우주적인 교회'의 일원인 것입니다. 그러나 또 다른 의미로 쓰이는 '교회'라는 용어는 특정한

지역에 위치한 '지역 교회'를 의미합니다. 루디아의 집에서 모였던 교회, 고린도에 있는 교회, 또 언덕 위에 있는 교회나 여기 우리가 섬기고 있는 ○○ 교회 같은 것입니다. 특정한 지역에서 모이는 교회를 말합니다. 성경에서 교회라는 용어가 우주적 교회의 의미로 사용된 것은 단지 네 번 뿐입니다. 성경에서 '교회'라는 용어는 대부분 오늘날 모임과 같이 특정한 지역에서 신자들이 모이는 '지역 교회'를 의미합니다.

우리는 그리스도인이 되는 순간 자동적으로 하나님의 '우주적 교회'의 일원이 됩니다. 우리 삶을 그리스도께 맡기는 순간 자동적으로 일어나는 일입니다. 그러나 당신이 어떤 특정한 지역 교회를 선택하기 전까지는 '지역 교회'의 일원이 될 수 없습니다. 모든 성도들은 지역 교회의 일부가 되어야 합니다.

여러분이 육신의 몸으로 이 땅에 태어나는 것과 같은 이치입니다. 태어나는 그 순간 여러분은 '인류'의 한 사람이 됩니다. 당신이 인류가 되겠다고 선택한 것이 아닙니다. 당신이 태어나는 순간 자동적으로 인류의 일원이 된 것입니다. 그러나 누군가가 당신을 병원에서 집으로 데려가지 않는 한, 당신은 '특정한 한 가족'의 일부가 되지는 못합니다. 우리가 여기에서 말하고자 하는 것이 바로 이것입니다.

성경에는 우리가 지역 교회의 일원이 되지 않으면 도무지 순종하고 따를 수 없는 명령이 30개 이상이나 있습니다.

몸, 지체, 이것은 제가 만들어 낸 것이 아니라 성경의 용어입니다. 성경은 다음과 같이 말합니다.

"이와 같이 우리 많은 사람이 그리스도 안에서 한 몸이 되어 서로 지체가 되었느니라"(롬 12:5).

"이제 지체는 많으나 몸은 하나라"(고전 12:20).

3. 영적 가족인 교회가 없는 그리스도인은 영적인 <u>고아</u>입니다.

에베소서 2:19에서는 "그러므로 이제부터 너희는 외인도 아니요 나그네도 아니요 오직 성도들과 동일한 시민이요 하나님의 권속이라"고 나와 있습니다.

그리스도의 몸에 분명하게 소속되어 있지 않으면 그는 영적 고아일 수

밖에 없습니다. 태어나게 한 부모는 있지만 가정과 연결되지 않으면 고아라는 불행을 겪을 수밖에 없는 것과 같습니다.

우리 주변에 고아가 많습니다. 영적인 고아 말입니다. 소속된 교회가 분명하지 않아서 주일마다 여기저기 교회를 바꾸며 다니는 사람들을 말합니다. 한 달은 여기, 다음 달은 저기, 1년은 여기, 또 다른 1년은 저기, 옮겨 다니는 사람들이 있습니다. 그런 식으로 신앙생활을 하면서 영적 고아 신세가 된 사람들이 어디에나 있습니다. 소위 '떠돌이 신자'라고 불리는 사람들입니다. 그들은 쇼핑하는 사람들처럼 이 교회 저 교회를 떠돌아 다닙니다.

만약 여러분이 성도라고 한다면 예수님 몸의 지체가 되었다는 것을 의미한다고 성경은 말합니다.

여러분은 예수님의 손, 귀, 눈, 간이 될 수 있습니다. 만약 간이 "이번 주에는 이 몸의 지체가 되고, 다음 주에는 저기 있는 몸의 지체가 되고, 그다음 주는 다시 이 몸으로 와야지"라고 말한다고 생각해 보십시오. 아마 몸에서 떨어져 나간 간은 머지않아 말라 오그라들게 되고 결국은 죽게 될 것입니다. 여러분은 그리스도의 몸 된 지역 교회의 지체라는 사실을 잊지 마시기 바랍니다.

무엇이 우리를 한 가족으로 만듭니까? 우리 교회는 주일에 약 ○○명의 성도들이 모입니다. 그들은 모두 배경, 경제적 상황, 문화, 지식이 다릅니다. 정말 다양한 사람들이 모입니다. 그런 우리 교회가 어떻게 한 가족이 될 수 있을까요?

먼저 이 과정의 목표를 말씀드리겠습니다.

3. 101과정의 목표

"나 자신을 <u>그리스도</u>와 영적 가족인 <u>우리 교회</u>에 <u>헌신하는 것</u>"

'헌신'이라는 말에 밑줄 치십시오. 101과정의 가장 핵심 단어는 헌신입니다.

많은 사람들이 예배에 참석하지만 그들이 모두 자신이 예배드리는 교회

에 헌신하기로 결단한 사람들이 아닙니다. '그리스도'에게 헌신하는 마음은 있을지 몰라도 '지역 교회'에 헌신한 것은 아닙니다. 우리는 모두 그리스도에게 헌신해야 하고 동시에 주님의 몸 된 지역 교회에도 헌신해야 합니다.

성도가 되는 것과 교회 가족의 일원이 되는 것 사이에는 어떠한 차이점이 있습니까? 그 차이는 '헌신'이라는 단어에 있습니다. 우리는 예수님께 나의 삶을 헌신함으로써 '성도'가 됩니다. 그리고 다른 성도들에게 우리 자신을 헌신함으로써 '교회의 일원'이 될 수 있습니다.

제 1장 〈우리의 구원〉을 펴십시오. 교재 9페이지입니다.

제 1 장
우리의 구원

2장과 3장이 '교회론'이라면 1장 〈우리의 구원〉은 '구원론'에 해당한다. 1장 〈우리의 구원〉을 설명한 후에 2-3장에서 '교회론'에 대해 설명하게 될 것이다. 101과정에서 가장 소중하게 다루는 것은 '교회론'이다. '교회론'은 '구원론'의 기반 위에 서 있다고 생각해야 한다. 예수를 믿는 믿음의 단계를 지나지 않으면 교회생활이 불가능하기 때문이다.

"너희가 다 믿음으로 말미암아 그리스도 예수 안에서 하나님의 아들이 되었으니 누구든지 그리스도와 합하기 위하여 세례를 받은 자는 그리스도로 옷 입었느니라 너희는 유대인이나 헬라인이나 종이나 자유인이나 남자나 여자나 다 그리스도 예수 안에서 <u>하나이니라</u>"(갈 3:26-28).

'하나이니라'에 밑줄 치십시오. 우리 교회가 건강하게 성장하기 위해서는 하나라는 개념이 뚜렷해야 합니다. 어떻게 하면 우리가 하나가 될 수 있을까요? 세상 방법으로는 하나가 될 수 없습니다. '그리스도 예수 안에서', 그리스도 안에서만 하나가 될 수 있습니다. 예수 믿는 사람들이 교회를 형성하는 것입니다. 그러므로 교회가 하나 되기 위해서, 그리스도 안에서 하나가 되기 위해서 우리의 구원이 분명해야 됩니다.

이 구절은 우리가 믿는 자 되어 하나님의 가족이 되고 나면, 하나님 앞에서는 모든 차별이 없어지며 교회의 모든 구성원이 한 가족이 된다는 것을 이야기해 줍니다. 교회에서는 차별이나 구별이 없습니다. 인종주의도 없으며 성차별도 없습니다. 하나님 앞에서는 우리는 모두 동일합니다. 하나님의 가족이 된 우리들은 그분 앞에서 동일한 가치를 지닙니다.

그러면 어떻게 해야 하나님의 가족이 될 수 있습니까?

우리는 모두 서로 다른 영적 배경을 가지고 있습니다. 이 가운데에는 수십 년 동안 믿어 오신 분들도 있지만, 이제 막 영적으로 거듭난 영적 갓난아기 같은 분들도 있으며, 아직 예수님을 영접하시지 못한 분도 있습니다. 그래서 지금 이 시간에는 그리스도인이 된다는 것이 정확히 무엇을 의미하는지 간략하게 살펴보도록 하겠습니다.

10페이지 〈그리스도인이 된다는 것은 무엇을 의미합니까?〉를 펴십시오.

그리스도인이 된다는 것은 무엇을 의미합니까?

대부분의 사람들은 "왜?"라는 질문에 대한 대답을 얻지 못하고 한평생을 삽니다. 사람들은 왜 사는지 그리고 하나님께서 인생을 향해 주신 목적이 무엇인지 알지 못한 채, 해를 거듭해 생존하고 있을 뿐입니다. 사람이 세상에서 사는 동안 물어야 할 가장 근본적인 질문은 "내 인생의 의미는 무엇인가?" 입니다.

'내 인생의 의미'에 밑줄 치십시오. 많은 사람들이 묻기를 싫어하는 게 아니라 묻기를 두려워합니다. '미로 안으로 들어가서 헤매는 것은 아닐까?', '결국 나오는 대답은 상대주의적이며 다원주의적인 대답밖에 더 있겠는가?' 이런 생각 때문에 잘 묻지 않는 사람도 있고 물어야 되는 이유조차 모르는 사람도 많습니다.
다음 문장을 함께 읽겠습니다.

모든 사람들은 행복하게 살기 원합니다. 그래서 사람들은 여러 가지 방법을 찾습니다.

행복을 찾는 것도 방법이 다릅니다. 사람들은 주로 세 가지 방법으로 행복을 추구합니다.

- 어떤 사람들은 물건을 소유하는 것에서 행복을 찾습니다.

오늘을 사는 대부분의 사람들이 이러한 사고를 가지고 있습니다. "조금만 더 가질 수 있다면, 조금만 더 번다면 행복해 질 텐데…"라는 생각 말입니다. 하지만 우리는 물질에서 행복을 찾을 수 없습니다.

- 어떤 사람들은 쾌락을 누리는 것에서 행복을 찾습니다.

어떤 사람들은 삶에서 즐거움을 찾아 술과 마약, 짜릿한 경험과 여행을 좇아다닙니다. 하지만 우리는 쾌락에서 행복을 찾을 수 없습니다.

• 어떤 사람들은 권위와 권력을 얻는 것에서 행복을 찾습니다.

이런 사람들은 "인기만 누린다면, 유명해지기만 한다면 행복해질 텐데…"라고 생각합니다. 하지만 우리는 권위와 권력에서 행복을 찾을 수 없습니다.

참고 : 삶의 원동력

모든 사람은 무엇인가에 이끌려 살고 있습니다.

1) 많은 사람들이 죄의식에 의해 끌려다닙니다.
   - 그들은 과거가 미래를 지배하도록 내버려 둡니다.
   - 하나님의 목적은 우리의 과거로 인해 제한받지 않습니다.
   - 우리의 남은 삶을 통해서도 엄청난 일을 하실 수 있습니다.

2) 많은 사람들이 원한과 분노의 쓴 뿌리를 씹으며 살아갑니다.
   - 원한을 품고 있는 한 그 상처는 결코 아물지 않습니다.
   - 스스로에게 또 상처를 주게 됩니다.
   - 가장 좋은 길은 과거에서 교훈만 얻고 잊어버리는 것입니다.

3) 많은 사람들이 두려움에 이끌려 살아갑니다.
   - 두려움은 스스로를 가두는 감옥이라고 말할 수 있습니다.
   - 우리는 믿음과 사랑이라는 무기로 반드시 맞서 싸워야 합니다.

4) 많은 사람들이 물질에 이끌려 살아갑니다.
   - 소유물은 일시적인 행복만을 줍니다.
   - 자아가치와 소유가치는 동일하지 않습니다.
   - 진정한 안전은 하나님과의 관계에서 발견할 수 있습니다.

5) 많은 사람들이 다른 사람들의 인정을 받기 위해 살아갑니다.
   - 군중을 따라가는 사람은 군중 속에서 길을 잃게 됩니다.

『목적이 이끄는 삶』 pp. 35–38

그러나 진정한 행복은 내 인생의 목적을 깨닫는 것에서 옵니다.

우리는 쾌락이나 소유나 권력이 참된 행복을 주지 못한다는 사실을 이미 잘 알고 있습니다. 내가 왜 여기 있는지를 이해하십시오. 그것이 행복해질 수 있는 첫걸음입니다.

아주 중요한 질문이기 때문에 다 함께 11페이지 로마 숫자 I번을 읽어 보겠습니다.

I. 나는 왜 이 땅에 존재합니까?

1. 하나님께서는 나를 <u>사랑</u>하시기 위해 창조하셨습니다.

하나님께서는 이렇게 말씀하셨습니다.

> "내가 <u>영원한 사랑</u>으로 너를 사랑하기에 인자함으로 너를 이끌었다"
> (렘 31:3).

'영원한 사랑'에 밑줄 치십시오. 하나님의 사랑은 크고 놀랍습니다.

> "하나님은 세상 창조 전에 그리스도 안에서 우리를 택하시고 <u>사랑해 주셔서</u>…하나님은 하나님의 기뻐하시는 뜻을 따라 예수 그리스도를 통하여 우리를 하나님의 자녀로 삼으시기로 예정하신 것입니다"(엡 1:4-5, 새번역).

'사랑해 주셔서'에 밑줄 치십시오. 우리가 모두 예수를 믿게 된 것은 하나님의 사랑이 먼저 우리에게 다가왔기 때문입니다. 하나님이 우리를 먼저 사랑해 주셨기 때문에 우리가 예수를 믿게 된 것이지 우리의 결단으로 이루어진 것이 아닙니다. 그래서 예정론은 사랑론이라고 할 수 있습니다.
　하나님은 왜 이 모든 일을 하셨을까요? 왜 우리를 위해서 우주를 만드는 수고를 하셨을까요? 그분은 사랑의 하나님이시기 때문입니다. 하나님의 사랑은 그 무게를 도무지 가늠할 수 없습니다. 우리는 그런 하나님께서 사랑하는 특별한 존재로 지음 받았습니다. 사실, 하나님은 우리를 창조할 필요가 없었습니다. 그분은 외롭지 않으셨기 때문입니다. 하지만 그분은 사랑을 표현하기 위해 우리를 창조하셨습니다. 우리가 하나님의 사랑을 누리도록 지음 받았다는 사실이 놀랍지 않으십니까?

2. 하나님은 우리와 개인적 교제를 즐기시며 만드신 세계 모든 것을 다스리도록 우리를 창조하셨습니다. 바로 이점이 우리가 특별한 존재라는 사실을 말해줍니다.

'특별한 존재'에 밑줄 치십시오. 여러분과 저, 우리는 모두 특별한 존재입니다. 왜 그렇습니까? 다음에 나오는 하나님의 말씀이 우리가 특별하다는 것을 가르쳐 주고 있습니다.

> "하나님이 자기 형상 곧 하나님의 형상대로 사람을 창조하시되 남자와 여자를 창조하시고 하나님이 그들에게 복을 주시며 하나님이 그들에게 이르시되 생육하고 번성하여 땅에 충만하라…모든 생물을 다스리라 하시니라"(창 1:27-28).

'하나님의 형상'과 '다스리라'에 밑줄 치십시오. 우리는 하나님의 모습대로 빚어졌습니다. 여러분은 대단한 존재입니다. 왜냐하면 하나님의 형상을 닮았기 때문입니다. 왕의 형상을 닮았습니다. 우린 하나님의 형상을 닮은 사람들입니다. 특별히 예수 그리스도를 믿는 사람들은 특별한 하나님의 형상을 갖고 있습니다. 예수를 믿는 사람들은 모두가 다 위대한 존재입니다. 그 사람이 세상적으로 남루하고 형편없고 피곤하고 괴롭게 인생을 산다고 할지라도 그 본질 자체는 위대한 하나님께서 만드신 위대한 존재입니다.

> "하나님은 우리에게 모든 것을 넘치게 주셔서 누리게 하십니다"(딤전 6:17, 현대).

'누리게'에 밑줄 치십시오. 여러분이 지금 갖고 있는 모든 것은 하나님께서 주셨습니다. 하나님께서 주시고 누리게 하셨기 때문에 여러분이 누릴 수 있는 것입니다. 여러분이 얻은 것이지만 주신 분은 하나님이십니다. 하나님께서 이렇게 말씀하셨습니다. "내가 세상 모든 피조물 위에 인간을 두나니 너희 인간들은 이 피조물들을 다스릴지니라." 그분은 이 '책임'을 아담과 이브에게 그리고 우리에게 주셨습니다. 우리 인간들은 하나님의 대리인으로 이 세상을 다스릴 뿐 아니라 동시에 이 세상을 누릴 '특권'도 얻었습니다.

예수님께서 말씀하셨습니다.

> "내가 온 것은 양으로 생명을 얻게 하고 <u>더 풍성히 얻게 하려는 것이라</u>"(요 10:10).

'더 풍성히 얻게 하려는 것'에 밑줄 치십시오. 예수님께서는 우리에게 생명을 주시기 위해 오셨습니다. 이 말은 바꾸어 말하면 예수 그리스도를 알기까지는 진정한 삶을 사는 것이 아니라는 말입니다. 사실이 그렇습니다. 하나님을 사랑하고 그분의 사랑을 누리기 위해 창조된 우리 인간들은 예수 그리스도를 알기까지는 그저 존재할 뿐, 참 생명을 누리지 못합니다. 하나님께서는 영생을 받은 우리가 이 세상에서 영생을 누리면서, 그리고 하나님께서 주시는 전인적인 은혜를 갖고 누리면서 살기를 원하십니다. 더 풍성히 주시는 이유가 있습니다. 우리가 축복의 근원이 되고 축복의 통로가 되어 받은 축복을 나눌 수 있게 하기 위해서입니다.

3. 우리가 하나님을 알고 사랑하며, 우리의 삶에 주신 그분의 목적을 이루어 갈 때, 우리는 다음과 같은 큰 <u>유익</u>을 얻습니다.

- 청결한 양심(롬 8:1)
- 연약함을 도우심(롬 8:26)
- 확신(롬 8:31)
- 능력과 힘(빌 4:13)
- 자유(요 8:32, 36)
- 생명과 평안(롬 8:6)
- 목적(롬 8:28)
- 안전(롬 8:39)
- 충족(빌 4:19)

우리가 하나님을 알고 사랑하며, 우리 삶에 주신 그분의 목적을 이루어 갈 때, 깨끗한 양심을 갖게 됩니다. 인생에 목적이 생깁니다. 능력과 힘과 평안과 확신과 성취감을 갖게 됩니다. 그분은 우리의 약함을 도우시며 피난처가 되시며 자유를 주십니다. 이 모든 것들이 그리스도와의 교제로 얻게 되는 유익입니다. 그리스도를 개인적으로 만나십시오. 그래서 이 모든 유익을 누리십시오.

예수 믿는 자들에게는 이런 놀라운 약속들이 풍성하게 주어졌습니다. 성경 안에는 수천 가지 약속이 있는데, 여기에서 9가지만 살펴보아도 우리 가슴이 뜨거워질 것입니다.

> 참고 : 목적이 이끄는 삶에 따르는 유익
> 1) 목적을 아는 것은 삶에 의미를 부여해 줍니다.
> 2) 목적을 알면 삶이 단순해집니다.
> 3) 목적을 알면 초점을 맞춘 삶을 살게 됩니다.
> 4) 목적을 알 때 삶의 동기가 유발됩니다.
> 5) 목적을 앎으로써 영생을 준비할 수 있습니다.
> 『목적이 이끄는 삶』 pp. 39-45

아래의 문장을 함께 읽어 보겠습니다.

이렇게 사는 것이 하나님께서 우리들에게 원하시는 삶의 모습입니다. 그런데, 무슨 이유로 대부분의 사람들은 이런 행복을 누리지 못하며 사는 것일까요?

너무나 중요한 질문입니다. 이제부터는 우리의 문제에 대해서 이야기해 봅시다.

II. 무엇이 문제입니까?

> 인도자를 위한 팁
>
> 『목적이 이끄는 기독교 기본 교리』 11장 〈구원 I〉과 12장 〈구원 II〉을 참고하라.

1. 사람은 누구나 자신을 행복하게 해 줄 수 있는 하나님의 원리들을 무시하고, 자기 삶의 "주인"이 되려는 타고난 욕망을 가지고 삽니다.

사람들은 본능적으로 자신이 삶의 주인이 되어 하나님께서 세우신 삶의 원칙들을 무시하려는 욕망이 있습니다. 요즘 우리 사회에서는 이런 말들을 듣기가 그리 어렵지 않습니다. 예수님께서는 네 이웃을 네 몸과 같이 사랑하라고 했지만 우리는 어떻게 삽니까? 계속해서 자기중심적으로 살고 있지 않습니까? 그러나 하나님께서 "네 삶의 주인은 네가 아니다"라고 우리에게 도전하시며 말씀하시고 계십니다.

"최고의 것을 찾아라. 너 자신의 일부터 챙겨라."
"하나님께서 그것에 대해 뭐라고 말씀하시든, 그것이 너를 기분 좋게 하거든 그냥 해 버려라."
"내 삶은 결국 내 인생이기 때문에 나는 내가 원하는 대로 하겠다!"

이러한 생각들을 말로 꺼내지는 않지만 많은 사람들의 마음속에 요동치고 있는 생각입니다. 다시 말하면 내 인생이니까 내 마음대로 하겠다는 말입니다. 프랭크 시나트라(Frank Sinatra)의 노래처럼 '나의 길'(My Way)을 가겠다는 것입니다. 우리들은 스스로의 주인이 되기를 원합니다. 우리가 자신의 주인되는 것은 하나님의 뜻이 아닙니다. 성경은 이러한 상태를 무엇이라고 말합니까? 2번을 보십시오.

2. 성경은 이런 인생 자세를 죄라고 말합니다.

'죄'라는 뜻의 영어 'sin'은 중앙에 'I'가 있습니다. 죄란 '내 일은 내가 결정한다.' '내 삶의 주인은 나다.' '하나님이 무슨 상관인가.' '나는 내가 하고 싶은 대로 산다'라고 생각하는 것입니다. 성경은 우리에게 모두 이런 본능이 있다고 말합니다. 다음 성경말씀을 함께 읽어 보겠습니다.

"우리는 다 양 같아서 그릇 행하여 각기 제 길로 갔거늘…"(사 53:6).

우리는 본능적으로 하나님을 중심에 모시지 않습니다. 내가 그 중심에 있습니다.

"만일 우리가 죄가 없다고 말하면 스스로 속이고 또 진리가 우리 속에 있지 아니할 것이요"(요일 1:8).

'스스로 속이고'에 밑줄 치십시오. 우리는 모두 죄인입니다. 우리 모두 하나님의 길을 떠나 제 마음대로 살았습니다. 우리가 죄 없다고 말하는 것은 스스로를 속이는 일이라고 성경은 말합니다.

3. 죄는 하나님과 우리 사이의 친밀한 관계를 파괴시킵니다. 그 결과로 우리는 하나님을 두려워하게 되고 그분의 뜻과 관계없는 삶을 살게 됩니다.

슬픈 사실은, 죄가 하나님과 우리의 친밀한 관계를 파괴시켰고 그 결과, 우리는 하나님을 두려워하면서 하나님의 뜻과 상관없는 삶을 살려고 한다는 것입니다. 대부분의 사람들이 하나님을 두려워한다는 것은 놀라운 사실입니다. 친구들과 대화하는 중에 하나님 이야기를 꺼내 보십시오. 친구들의 신경이 날카로워지며 긴장된 분위기가 연출될 것입니다. 하나님을 두려워하기 때문입니다. 왜 두려워합니까? 스스로 주인이 되고 싶어 하며, 자신과 하나님과의 관계가 깨어져 있다는 것을 알기 때문입니다. 정확히 이해하지는 못하지만 사람들은 모두 느낌으로 이 사실을 알고 있습니다.

"오직 너희 죄악이 너희와 너희 하나님 사이를 갈라놓았고"(사 59:2).

이 죄는 끊임없이 하나님과 우리 인간 사이를 갈라놓고 있습니다. 죄는 인간에게 고통과 괴로운 인생을 살게 하면서도 무엇이 생명과 평강의 길인지도 모르게 만들고, 심판하시는 하나님을 두려워할 줄도 모르게 만듭니다. 죄로 인해 인간은 자신의 힘으로는 도저히 하나님을 찾을 수 없고 하나님이 원하시는 선을 행할 수 없게 되었습니다.

"모든 사람이 죄를 지어 하나님의 영광스러운 표준에 미치지 못하였으나"(롬 3:23, 현대).

'표준에 미치지 못하였으나'에 밑줄 치십시오. 하나님께서 이 세상을 창조하시면서 표준을 만드셨지만 그 누구도 미치지 못했습니다. 어느 한 사람도 미치지 못했습니다. 우리가 존경하는 어떤 위대한 사람이 있다고 해도 하나님의 표준에는 미치지 못했습니다.

'모든 사람'에는 빌리 그레이엄도 포함됩니까? 예, 그렇습니다. 교황도 포함됩니까? 예, 그렇습니다. 이 방에 있는 사람들 모두 포함됩니까? 예, 그렇습니다. 우리 모두 죄를 범했습니다. 이 세상에 완전한 사람이란 없습니다.

> 참고 : 죄, 그리고 그 결과는 무엇인가?
> - 육체적, 영적 사망 선고(창 3:19; 요 3:18; 롬 6:23)
> - 하나님과 분리(엡 2:12)
> - 죄의 지배와 통제(엡 2:1-3; 롬 6:6)
> - 영적 맹인(고후 4:3, 4)
> - 깨닫지 못함(롬 3:11)
> - 하나님과 원수가 됨(마 12:30)
> - 하나님의 진노의 대상이 됨(엡 2:3)
> - 마귀의 자녀로 간주됨(요 8:44)

> 성경은 상상할 수 있는 가장 불쌍한 모습으로 인류의 잃어버린 상태를 묘사한다. 그것은 자기 욕심을 위해 사느라 땅에서의 삶을 헛되이 보낼 뿐 아니라, 그 결과로 하나님과 분리된 영원을 맞게 되는 모습이다(롬 6:23; 눅 13:13; 마 25:46).
>
> 『목적이 이끄는 기독교 기본 교리』 인도자용 2, p. 13

4. 하나님과 우리 사이의 관계가 바르지 못할 때, 이것이 우리 삶의 각 영역 즉 결혼, 직업, 인간관계, 돈 사용 등에서 문제를 일으킵니다.

사람들은 보통 이런 문제에 봉착할 때, 하나님께 먼저 나가기보다 자신의 힘으로 극복해 보려고 여러 가지 방법을 시도합니다.

하나님과의 깨어진 관계는 우리 삶의 모든 영역에 영향을 끼칩니다. 죄의 결과로 나타나는 많은 문제들은 하나님과의 관계를 바로 세우면 해결됩니다. 하지만 사람들은 하나님보다는 자신의 의지와 힘으로 이런 문제들을 해결할 수 있다고 믿습니다.

"어떤 길은 사람이 <u>보기</u>에 바르나 필경은 사망의 길이니라"(잠 16:25).

'보기에'에 밑줄 치십시오. 하나님과의 교제가 끊어지면 인간은 어찌할 수 없는 내면의 공허함을 느끼게 됩니다. 그러나 인간들은 우리가 원하는 것이 하나님과의 관계회복이라는 사실조차도 알지 못합니다. 사람들은 문제의 해결책인 하나님께 돌아가기보다는 자신들이 보기에 바른 길처럼 보이는 것을 찾아다닙니다. 그래서 술과 마약, 섹스와 도박 등 나를 전율시킬 것들을 찾아서 헤매고 있습니다. 그러나 우리가 창조된 목적 자체가 하나님과의 교제에 있기 때문에 하나님과의 교제 그 이외의 것은 아무것도 우리를 만족시키지 못합니다.

5. 우리는 우리 각자의 진정한 필요가 하나님이라는 것을 알면서도, 종종 다음과 같은 잘못된 생각들을 품은 채 그분에게 나아가려고 합니다.

"내 어머니가 기독교인이었기 때문에, 나도 기독교인이다."

우리는 자신이 모태신앙인이기 때문에 스스로 기독교인이라고 말하는 분들을 종종 보았습니다. 유전으로 구원을 얻으려는 태도라고 말할 수 있습니다. 그러나 이런 생각은 그다지 논리적이지 않습니다. 예컨대 "우리 어머니가 결혼했으니 나도 결혼했다"고 말한다고 해 보십시오. 어머니가 결혼했다고 자동적으로 내가 결혼한 것이 아닙니다. 어머니가 결혼을 했든지 홀로 사시든지 간에, 내가 결혼하기로 선택할 때에만 결혼하는 것입니다. 유전으로 구원을 얻는 것이 아닙니다.

"무엇을 믿으나 상관없다. 그저 신실하게 살기만 하면 된다."

이러한 태도에는 심각한 문제가 있습니다. 내가 어떤 물이 '식초'이라고 생각했는데, 사실 그 물이 '염산'일 수도 있습니다. 잘못된 것임에도 진정으로 옳다고 믿을 수 있다는 것입니다. 진실하다는 것만으로는 하나님과의 관계를 회복할 수 없습니다.

"먼저 나의 나쁜 습관들을 정리해 보겠다."

"저는 이것도 하지 않고, 저것도 하지 않습니다…저는 술도 안 마시고, 담배도 안 피웁니다. 껌도 안 씹습니다. 욕도 안 합니다. 여자들과 어울려 돌아다니지도 않습니다." 그리스도인이 된다는 것이 그저 어떤 것을 하지 않는 것이라면 죽은 사람들만이 그리스도인이 될 수 있을 것입니다. 시체는 아무것도 할 수 없으니까 말입니다. 그리스도인의 삶은 어떤 것을 하지 않는 것 정도로 이루어질 수 있는 것이 아닙니다. 릭 워렌 목사는 이런 태도를 "빼기를 통해 구원을 얻으려는 태도"라고 부릅니다.

"정말 열심히 노력해서 구원을 얻고야 말겠다."

이것은 행위로 구원을 얻고자 하는 태도입니다. 로마 가톨릭의 '공로주의 사상'이 여기에 속합니다.

"나는 먼저 종교적인 사람이 된 후에 교회에 나가 보겠다."

여기에서 대부분의 사람들이 가지고 있는 잘못된 믿음을 발견하게 됩니다. 사람들은 하나님께서 내가 행한 모든 나쁜 일들과 내가 행한 좋은 일들을 저울질해 보신 후에, 나쁜 일보다 선한 일이 더 많을 때 나를 천국으로 들여보내 주실 것이라고 생각합니다. 그러나 그것은 사실이 아닙니다. 우선, 성경은 천국은 완전한 장소라고 말합니다. 오직 완전한 사람들만 들어갈 수 있습니다. 만일 하나님이 불완전한 자를 천국에 들여보내신다면 그곳은 더 이상 완전한 곳이 될 수 없을 것입니다.

그래서 여러분은 이렇게 말할지도 모릅니다. "완전한 사람들만 천국에 들어갈 수 있다면 나는 그곳에 들어갈 기회를 얻지 못할 것이다." 그렇습니다. 여러분이나 저는 그곳에 들어갈 자격이 없습니다. 그래서 하나님은 우리가 완전한 누군가의 티켓을 가지고 그곳에 들어갈 수 있도록 또 다른 계획을 세우셨습니다.

하나님은 굽은 것을 곧다고 하시는 분이 아닙니다. 하나님은 우리가 완전한 장소에 들어가기 위해서는 완전해야 한다고 말씀하십니다. 만약에 여러분이 완전한 삶을 살 수 있고 결코 죄를 짓지 않는다고 칩시다. 하나님 앞에 섰을 때 하나님이 "왜 내가 너를 완전한 곳에 들여보내야 하지?"라고 물으신다면 여러분은 "내가 천국에 들어갈 자격을 놓친 적이 한 번도 없습니다"라고 말할 것입니다. 하나님은 "너는 들어올 만하다. 어서 들어오라"고 말씀해 주실 것입니다. 그러나 여러분이나 저는 그 기회를 오래 전에 놓쳐 버렸습니다. 그래서 우리에게는 또 다른 계획이 필요한 것입니다.

또 다른 계획이란 다른 것이 아닙니다. "내가 인간의 형상을 입고 와서 예수 그리스도라 불릴 것이다. 나는 완전한 삶을 살면서 인간에게 있는 하나님의 형상이 어떤 것인지를 사람들에게 알게 할 것이다. 그리고 내가 십자가에서 죽어 사람들의 모든 죗값을 치를 것이다. 만일 네가 나를 믿는다면 너는 나의 티켓을 가지고 천국에 들어갈 수 있다"라고 말씀하십니다. 이 얼마나 대단한 이야기입니까?

우리가 다음에 다룰 주제는 그러면 '인간이 처한 현실을 어떻게 극복할 수 있는가'에 관한 것입니다.

> **인도자를 위한 팁**
>
> 〈I. 나는 왜 이 땅에 존재합니까?〉에서 인간의 삶에는 목적이 있다는 것을 살펴보았다. 〈II. 무엇이 문제입니까?〉에서는 인간에게 있는 죄라는 문제점에 대해서 살펴보았다. 이제 〈III. 무엇이 해결책입니까?〉라는 부분을 다룰 것이다. 문제에 대한 분명한 해결책을 제시하는 것이다.

III. 무엇이 해결책입니까?

"내가 곧 길이요 진리요 생명이니 나로 말미암지 않고는 아버지께로 올 자가 없느니라 "(요 14:6).

예수님은 "내가 길일 수도 있어, 내가 길을 보여 줄게, 내가 길을 가르쳐 줄게, 내가 지금 길을 찾고 있어"라고 말씀하지 않으셨습니다. 그분은 "내가 길이다", "내가 진리다"라고 말씀하셨습니다.

주요 종교들을 연구해 보면 모두 진리를 찾고 있다는 사실을 발견할 수 있습니다. 불교에서는 진리란 8개의 길을 통해 발견되는데, 인간이 삶에서 힘쓰기만 하면 결국 진리를 발견한다고 말합니다. 그러나 부처도 임종의 순간에 "나는 지금도 진리를 찾고 있다"라는 말을 남겼습니다. 힌두교에서는 진리란 매우 애매해서 결코 발견할 수 없다고 말합니다. 진리란 나비와 같아서 잡으려는 순간 날아가 버린다는 것입니다. 이슬람의 창시자 무함마드는 "나는 한 명의 선지자이며, 진리를 가리키고 있다"라고 말했습니다. 또 다른 종교는 주문을 통해 스스로 정화시켜서 진리를 발견할 수 있고 종국에는 진리에 도달하게 된다고 말합니다.

그러나 예수님은 "나는 진리를 가리킨다. 나는 진리를 가르친다"라고 하지 않고, "나는 진리다"라고 말했습니다. 그분은 진리 그 자체이십니다. 만약 예수님의 말씀이 진실이 아니라면 그는 세상 모든 사람 중 가장 엄청난 거짓말쟁이든지, 아니면 자기 스스로 그런 줄 알고 큰 소리를 친 허풍쟁이일 것입니다.

> "인간에 불과한 사람이 예수와 같은 주장을 했다면, 그는 결코 위대한 도덕적 스승이 될 수 없습니다. 그는 정신병자거나, 아니면 지옥의 악마일 것입니다." 『순전한 기독교』, C. S. 루이스, 홍성사, p. 93

1. 하나님께서는 "우리들을 구원하시기 위해" 스스로 육신을 입고 이 세상에 오셨습니다.

만일 어떤 다른 방법으로 이 목표를 이룰 수 있었다면, 예수 그리스도께서 세상에 꼭 오시지 않아도 되었을 것입니다.

하나님은 의로우신 분입니다. 죄를 용서하실 수 없는 분입니다. 그러나 우리를 사랑하시는 분입니다. 이 문제를 해결하기 위해 하나님께서는 인간의 죄를 대신 짊어지고 그 죄에 대한 대가를 치르도록 독생자 예수 그리스도를 이 땅에 보내셨습니다. 만약 인간을 구원할 수 있는 다른 방법이 있었다면 예수님께서 꼭 이 세상에 오실 필요가 없었을 것입니다.

2. 하나님께서는 오직 예수 그리스도를 통해서만이 자신에게 올 수 있도록 길을 마련해 놓았습니다.

하나님께서는 예수 그리스도를 통해서만 하나님께 올 수 있도록 길을 마련해 놓았습니다. 그래서 예수 그리스도는 'a way'가 아니라 'the way'입니다. 바로 '그 길'입니다. 유일한 길이죠. 예수님이 길이라는 것은 예수님 역시 '하나의 종교'라는 말이 아닙니다. 예수님이 '여러 길 중 하나'라는 말도 아닙니다. 그 길은 인격입니다. 하나님은 여러분이 자기를 인격적으로 알기를 원하십니다.

3. 예수님께서는 이미 당신의 죄 문제를 해결해 주셨습니다!

이 사실을 잘 모르면서 신앙생활하시는 분들이 많습니다. 우리의 모든 죄는 이미 하나님께서 십자가에서 해결해 주셨습니다. 예수님의 십자가

로 우리의 모든 죄가 다 용서 받았다는 것입니다. 이전에 지은 죄, 지금 짓고 있는 죄, 그리고 앞으로 지을 죄까지 모든 죄의 문제를 해결해 놓으셨습니다. 그리고 그 용서는 영원토록 유효합니다. 다시 말하면 예수를 믿으면 하나님이 우리에게서 아무 죄를 찾을 수 없도록 하셨다는 말입니다. 이 엄청난 은혜가 정말로 믿어지십니까?

"죄의 대가는 죽음이지만 하나님께서 <u>거저 주시는 선물</u>은 우리 주 예수 그리스도 안에 있는 영원한 생명입니다"(롬 6:23, 현대).

'거저 주시는 선물'에 밑줄 치십시오. 죄의 대가는 죽음입니다. 하지만 예수님께서는 우리에게 선물로 영원한 생명을 주셨습니다. 선물이란 어떤 노력의 대가를 의미하는 것이 아닙니다. 거저 주는 것이 선물입니다. 우리가 아무것도 한 것이 없는데 예수님께서 선물로 거저 주셨습니다.

그리스도인이 된다는 것이 무엇을 말합니까? 거저 주시는 주님의 선물을 그냥 받는 것입니다. 그리스도를 신뢰하는 것을 말합니다. 그런데 그리스도인이 된다는 것에 대한 잘못된 오해들이 너무나 많습니다.

> **새들백 예화 :**
>
> 저는 비행기에서 "나는 미국인입니다. 그러므로 나는 그리스도인입니다"라고 말하는 사람과 같이 앉은 적이 있습니다. 미국이 기독교 국가라는 것입니다.
>
> 또 다른 사람은 "나는 교회에 등록했습니다. 그러므로 나는 그리스도인입니다"라고 말합니다. 라이온스 클럽(Lion's Club)에 가입했다고 해서 여러분이 사자(lion)가 된다는 말입니까?
>
> 어떤 사람들은 "나는 교회에서 태어났어요"라고 말합니다. 자동차 안에서 태어났다고 해서 여러분이 스페어타이어라도 된다는 말입니까?
>
> 또 어떤 사람들은 이렇게 말합니다. "나는 세례 받았는걸요." 여러분이 바다에서 세례를 받아 모든 물고기들이 당신의 이름을 알게 된다 해도 세례는 여러분을 천국에 들어가게 하지 못합니다.

지식으로도 안 됩니다. 사람들은 "나는 하나님의 존재에 대해 믿습니다"라고 말합니다. 그러나 마귀도 하나님에 대해서 믿고 떨고 있습니다. 야고보는 이렇게 말합니다. "네가 하나님은 한 분이신 줄을 믿느냐 잘하는도다 귀신들도 믿고 떠느니라"(약 2:19). 사탄 역시 하나님이 계시다는 것을 알지만 여러분은 천국에서 결코 사탄을 만나지 못할 것입니다. 그렇다면 차이가 무엇입니까? 그리스도를 인격적으로 믿어야 합니다.

4. 하나님께서는 "우리를 위해" 이렇게 해주셨습니다. 그 이유는 하나님이 우리를 <u>사랑</u>하시기 때문이며 또한 우리 각자가 하나님에 대해 알기를 원하시기 때문입니다.

> 참고 : 하나님이 우리를 사랑하신다는 것을 어떻게 알 수 있을까?
> 하나님은 우리에게 많은 증거를 주신다.
> – 그분은 우리를 사랑한다고 말씀하신다(시 145:9).
> – 그분은 우리에게서 눈을 떼지 않으신다(시 139:3).
> – 그분은 우리 삶의 아주 작은 부분들까지 돌보신다(마 10:30).
> – 그분은 우리가 모든 기쁨을 느끼도록 능력을 주신다(딤전 6:17).
> – 그분은 우리의 삶을 위한 좋은 계획을 가지고 계신다(렘 29:11).
> – 그분은 우리를 용서하신다(시 86:5).
> – 그분은 노하기를 더디 하신다(시 145:8).
> 하나님은 우리가 상상하는 것 이상으로 우리를 사랑하신다. 이것을 가장 극적으로 표현한 것이 하나님이 우리를 위해 당신의 아들을 희생하신 것이다.
>
> 『목적이 이끄는 삶』 p. 105

"우리가 아직 죄인 되었을 때에 그리스도께서 우리를 <u>위하여</u> 죽으심으로 하나님께서 우리에 대한 자기의 <u>사랑</u>을 확증하셨느니라"(롬 5:8).

'위하여'와 '사랑'에 밑줄 치십시오. 우리가 사랑받을 아무런 자격도 없고 공로도 없을 때에 예수님께서는 여러분을 사랑하셔서 자신의 목숨을 버

리셨습니다. 하나님께서는 십자가에서 법적 계약에 인을 치셨고, 여러분을 자녀로 삼으시겠다는 사랑의 결정을 내리셨습니다. 여러분은 하나님의 선택에 의해 하나님의 자녀가 되었습니다.

"하나님은 한 분이시요 또 <u>하나님과 사람 사이에 중보자</u>도 한 분이시니 곧 사람이신 그리스도 예수라"(딤전 2:5).

'하나님과 사람 사이에 중보자'에 밑줄 치십시오. 하나님과 사람 사이의 중보자가 누구십니까? 바로 예수 그리스도이십니다. 하나님이 이쪽 편에 서 계시면 사람들은 저쪽 편에 서 있었습니다. 그 사이에는 거대한 심연이 가로막고 있습니다. 우리의 노력으로는 양자 사이의 거대한 구렁텅이를 건널 수 없습니다. 이 사이를 건너가기 위해 사람들은 착한 일을 하고, 많은 지식을 쌓고, 도덕적인 선을 쌓지만 그 어떤 방법으로도 건널 수 없었습니다. 그러므로 우리를 하나님과 화해시켜 주시는 중보자, 예수님이 필요한 것입니다(고후 5:19; 롬 5:10). 예수 그리스도는 양편을 화해시키고자 전인류를 위하여 자신의 생명을 드리셨습니다.

5. 하나님께서는 자신과 우리 사이의 관계를 회복시키기 위해 행하셔야 할 부분을 이미 이루어 주셨습니다.

하나님과 우리 사이의 관계를 회복하고 싶지만 인간 편에서 할 수 있는 일이 아무것도 없습니다. 하나님께서 관계를 회복하기 위해 주도권을 가지고 행동하셨습니다. 예수님을 통해서 양편에 다리를 놓으시고 관계를 회복시킨 것입니다. 우리는 관계회복이 되었다는 사실을 성령의 능력과 말씀을 통해 깨닫고 믿음으로 그 다리를 건너는 것입니다.

> 참고 : 구원의 세 가지 시점 – 과거, 현재, 미래
> 1. 과거에, 나는 죄의 형벌로부터 구원받았다(칭의).
> 2. 현재에, 나는 죄의 권세로부터 구원받고 있다(성화).
> 3. 미래에, 나는 죄의 존재로부터 구원될 것이다(영화).

> 예수님의 죽음으로 인해 하나님의 구원의 역사는 모두 성취되었지만(예수님은 "다 이루었다"고 말씀하셨다), 우리는 구원으로 인해 얻을 수 있는 모든 것들을 아직 다 경험하지는 않았다.
> 『목적이 이끄는 기독교 기본 교리』 인도자용 2, p. 26

6. 이제 하나님께서는 우리 각자가 개인적으로 자신이 우리를 위해 이루신 일을 인정하고 받아들이기를 기다리고 계십니다.

바로 이 순간 하나님은 우리의 남은 삶을 하나님이 우리를 만드신 목적을 이루어 그분의 영광을 위해 살도록 부르시고 계십니다. 이제 우리가 반응을 보일 시간입니다. 스스로를 예수님께 완전히 헌신할 때 진정한 삶이 시작됩니다.

> **복습 :**
> 지금까지 공부한 내용을 다시 한 번 말씀드리겠습니다. 천국은 완전한 곳입니다. 우리는 불완전합니다. 여러분 자신의 선행으로 그곳에 갈 기회를 가진다는 것은 불가능한 일입니다. 여러분 중에 천국에 들어갈 만큼 선한 사람은 아무도 없습니다. 따라서 하나님은 예수 그리스도의 모습으로 이 땅에 오셨습니다. 우리가 크리스마스와 부활절을 축하하는 것은 바로 이 때문입니다. 그분은 십자가에서 우리의 모든 죗값을 치르고 죽으셨습니다. 예수님은 이렇게 말씀하십니다. "만일 네가 나를 영접하면 너는 하나님의 자녀가 되고 천국에 들어갈 수 있을 것이다. 그뿐 아니라 너는 바로 지금 이 땅에서도 진정한 삶을 경험하게 될 것이다."

다음 순서를 따라 하나님께서 우리에게 원하시는 것을 실천해 봅시다.

IV. 하나님께서는 무엇을 원하실까요?

하나님께서 크게 다음 네 가지를 우리에게서 원하십니다.

1. 인정하십시오.
　당신의 삶에서 하나님을 첫자리에 모시지 못했던 사실을 고백하고, 당신의 죄를 용서해 달라고 간구하십시오.

여기에 그리스도인이 된다는 것의 진정한 의미가 있습니다. 여러분 가운데에는 다른 교회의 등록교인으로 오랫동안 있었던 분도 있고 일생 동안 하나님에 대해 알고 지내온 분도 계십니다. 여러분들은 "내가 정말 그리스도인인가?"라고 의문을 가진 적이 없었습니까? 이 시간에 여러분은 이 질문에 대해서 확실히 대답할 수 있기를 바랍니다. 저는 여러분 중에 이 문제에 대한 확신 없이 이 자리를 떠나는 분이 한 사람도 없기를 바랍니다. 그러기 위해서 먼저 인정해야 합니다. 하나님을 내 인생의 첫 자리에 모시지 못했음을 인정하고 하나님께 나의 모든 죄를 용서해 달라고 간구해야 합니다.

　　"우리가 우리 죄를 <u>자백하면</u>, 하나님은 신실하시고 의로우신 분이셔서, 우리 죄를 용서하시고, 모든 불의에서 우리를 깨끗하게 해주실 것입니다"(요일 1:9, 새번역).

'자백하면'에 밑줄 치십시오. 자백한다는 것은 잘못을 인정하는 것입니다. 내가 이런 문제를 안고 살아왔다는 것을 인정하는 것입니다. 자신이 지금까지 안고 살아온 문제들을 인정하지 않으면 회개가 이루어지지 않습니다. 회개가 없으면 죄 용서함도 없고 새로운 삶의 출발도 있을 수 없습니다. 지금까지 사망을 향해 달려가던 차가 유턴을 해서 그리스도의 생명을 향해 돌아서는 것이 회개입니다. 그러므로 인정하십시오.
　혹시 지금까지 주님 앞에서 자신의 문제를 인정하고 자백해 본 적이 없는 분이 계십니까? 오늘 이 시간이 주님 앞에서 여러분의 문제를 인정하고 그분의 도우심을 구하는 시간이 되기를 바랍니다.

2. 믿으십시오.

예수님이 당신의 죄에 대한 대가를 지불하기 위해 죽으신 것과 부활하신 것, 그리고 지금도 살아 계신 것을 믿으십시오.

그러면 무엇을 믿어야 합니까? 예수 그리스도께서 십자가에서 나의 죄의 대가를 지불하기 위해 죽으신 것과 죽음 권세 이기고 부활하시고 지금도 살아 계시다는 것을 믿어야 합니다.

"네가 만일 네 입으로 예수를 주로 시인하며 또 하나님께서 그를 죽은 자 가운데서 살리신 것을 네 <u>마음에 믿으면</u> <u>구원을 받으리라</u>"(롬 10:9).

'마음에 믿으면'에 밑줄 치십시오. 여기에 구원받는 길을 보여 줍니다. 성경은 입으로 예수님을 주님이라고 시인하고, 하나님께서 예수님을 죽은 자 가운데서 살리셨고, 지금도 살아 계셔 역사하신다는 사실을 마음으로 믿으라고 가르칩니다. 믿는 것은 생각으로 하는 것이 아니라 마음으로 하는 것입니다. 마음으로 믿으면 생각과 행동은 따라오게 되어 있습니다. 여기서 말하는 '마음'이 무엇입니까? 마음은 '한 사람의 자아 전체'를 의미합니다. 인격의 '핵심'입니다.

'구원을 받으리라'라는 말에도 밑줄을 치십시오. 여러분이 구원을 받을지도 모른다는 말이 아닙니다. 여러분이 구원받기를 희망한다는 말도 아닙니다. 여러분이 틀림없이 구원을 얻는다는 분명한 약속의 말씀입니다.

많은 그리스도인들이 살면서 이런 질문을 하게 됩니다. "나는 진정 내 삶을 그리스도께 드렸는가? 내가 정말 천국에 갈 수 있을까?" 사람들은 자신의 구원에 대해 자주 회의를 품습니다. 여러분은 오늘 이 문제를 해결해야 합니다. 여러분이 주님의 이름을 부를 때 주님은 "내가 구원하리라"고 말씀하십니다. 하나님은 결코 거짓말하시는 분이 아니십니다. 여러분이 어떻게 느끼느냐는 중요하지 않습니다. 감정이란 언제나 변덕스러운 것입니다.

갓 결혼한 신혼부부가 신혼여행을 떠나면서 신랑이 신부에게 "결혼한 게 실감나지 않는군"이라고 말했습니다. 그러자 신부가 "당신이 실감하고

말고는 중요한 것이 아니에요. 당신은 결혼한 걸요!"라고 대답했습니다.
　우리가 구원받았다는 느낌이 들지 않는 날이 있습니다. 내가 그리스도인이라는 것이 실감나지 않는 날들도 있습니다. 조그만 말 한 마디, 커피 한 잔에도 오락가락하는 것이 감정입니다. 중요한 것은 "내가 말한 대로 네가 행하고 나를 네 마음에 영접하면 내가 너를 구원하리라"라는 하나님의 말씀입니다.

　"다른 이로써는 구원을 받을 수 없나니 천하 사람 중에 구원을 받을 만한 다른 이름을 우리에게 주신 일이 없음이라"(행 4:12).

3. 받아들이십시오.
　하나님께서 <u>값없이 거저 주시는 구원의 선물</u>을 <u>감사로</u> 받아들이십시오. 대가를 지불하려거나 노력을 통해 얻으려고 애쓰지 마십시오.

　인정도 하고 믿기도 하지만 받아들이는 것이 잘 안 되는 사람도 있습니다. 무엇을 받아들여야 합니까? '값없이 거저 주시는 구원의 선물'에 밑줄 치십시오. 하나님께서 값없이 주시는, 다시 말해 은혜로, 공짜로 주시는 구원의 선물을 감사로 받아들이십시오. 사람들은 공짜로 받는 것에 익숙하지 않습니다. 그래서 받으면 대가를 지불하거나 노력을 통해 뭔가를 되돌려 줘야 한다고 생각합니다.
　분명하게 정리하십시오. 구원의 선물은 거저 주시는 은혜의 선물입니다. 그러므로 하나님 앞에서 내가 이렇게 하고 저렇게 했기 때문에 구원을 획득했다거나 쟁취했다고 말할 수 없습니다. 여러분 선물은 어떻게 받습니까?
　'감사로'에도 밑줄 치십시오. 하나님께서 주신 선물은 그저 감사함으로 받으면 되는 것입니다. 이것이 구원론의 핵심입니다.

　"하나님의 <u>은혜</u>로 여러분은 그리스도를 믿어 구원을 받았습니다. 그것은 여러분의 힘으로 된 것이 아니라 하나님의 선물입니다. 그것은 우리의 선행으로 된 것이 아니므로 아무도 자랑할 수 없습니다"(엡 2:8-9, 현대).

'은혜'에 밑줄 치십시오. 하나님의 은혜로 구원받았고, 그 결과 오늘의 자신이 존재한다는 것을 모르면 우리는 교만해집니다. 그러나 자기 '존재 자체'가 '은혜'라는 것을 깨닫는 순간 우리의 교만은 사라지고 은혜가 충만한 그리스도인의 삶을 살아가게 됩니다. 이렇게 고백해 봅시다. "저는 은혜로 삽니다." 고백대로 살아가는 여러분이 되실 줄 믿습니다.

하나님과 우리 사이의 관계는 우리가 할 수 있는 그 어떤 것으로도 회복될 수 없습니다. 이 관계는 오직 예수님이 우리를 위해 이미 이뤄주신 일을 "받아들이는 것"을 통해서만 회복될 수 있습니다!

만일 여러분이 천국에 이르는 길을 대가를 지불해야지만 얻을 수 있다고 생각해 보십시오. 천국이 얼마나 역겨운 곳이 되겠습니까? 만일 천국이 대가를 지불해야 갈 수 있는 곳이라면 천국에 온 모든 사람들은 자기가 어떻게 그곳에 오게 되었는지를 자랑하느라 야단법석을 떨 것입니다. "나는 길을 건너가는 한 노파를 도와주어서 이곳에 왔습니다." "나는 테레사 수녀처럼 선한 일을 많이 해서 이곳에 왔습니다." "저는 수십억을 구제헌금으로 내어놓았습니다."

그러나 여러분은 자신의 노력으로 그곳에 갈 수 없습니다. 여러분은 하나님이 거저 주시는 선물을 받아들일 때만 그곳에 갈 수 있습니다. 그러므로 하나님과의 관계회복은 '우리가 무엇을 하느냐'에 달려 있는 것이 아니라 '예수님께서 이미 우리를 위해 이뤄 주신 일'에 달려 있다는 사실을 놓치지 마시기 바랍니다.

4. 초청하십시오.

예수 그리스도께서 당신의 삶 가운데 오셔서 당신 삶의 주인이 되시도록 모셔 들이십시오.

"신장개업"이라는 문구가 붙어 있는 가게를 보신 적이 있습니까? 저는 새롭게 그리스도인이 되는 사람들은 누구나 한 달 동안 그 사인을 걸고 다녀야 한다고 생각합니다. 바로 그리스도인이 됐다는 간판 말입니다. "내 인생의 주인이 바뀌었습니다. 나는 더 이상 내 인생을 지휘하지 않습니

다. 예수 그리스도께서 내 인생의 주인이시요, 관리자이십니다. 그분이 회장이요, 보스입니다. 그분이 바로 내 인생의 지도자입니다"라고 고백할 수 있기를 바랍니다.

"영접하는 자 곧 그 이름을 믿는 자들에게는 하나님의 자녀가 되는 권세를 주셨으니 이는 혈통으로나 육정으로나 사람의 뜻으로 나지 아니하고 오직 하나님께로부터 난 자들이니라"(요 1:12-13).

'영접하는'과 '믿는'이라는 말에 밑줄을 치십시오. 그리스도인이 된다는 것은 어떤 의미입니까? 그것은 바로 예수 그리스도를 믿고 영접한다는 것을 의미합니다.

가령 여러분이 예수 그리스도를 믿지 않아서 지옥으로 가고 있는데 저쪽에서 하나님의 자녀들이 천국으로 가고 있다고 해 봅시다. 여러분이 어떻게 이쪽에서 저쪽으로 갈 수 있겠습니까? 다리를 건너야 합니다. 그렇다면 다리가 누구입니까? 예수 그리스도입니다. 그러면 여러분이 어떻게 그 다리를 건널 수 있습니까? 단지 믿고 영접하기만 하면 됩니다.

이 시간, 제가 "여러분은 그 다리를 얼마큼 건너오셨습니까?"라고 묻는다면, 어떤 분은 이렇게 대답할 것입니다. "나는 예수 그리스도를 믿습니다. 하지만 그분을 내 삶 속에 모셔 들였는지는 잘 모르겠습니다." 축하드립니다. 여러분은 그 다리를 반쯤 건넜습니다. 여러분이 해야 할 일은 그분을 삶 속에 받아들이는 것입니다. 어떻게 그렇게 할 수 있습니까? 예수님께서 말씀하셨습니다.

"볼지어다 내가 문 밖에 서서 두드리노니 누구든지 내 음성을 듣고 문을 열면 내가 그에게로 들어가 그와 더불어 먹고 그는 나와 더불어 먹으리라"(계 3:20).

19페이지 보시기 바랍니다. 여러분은 하나님께 헌신하는 간단한 기도를 드림으로써 첫 번째 과를 마무리할 수 있습니다. 만일 여러분이 이 문제를 해결하지 못했거나 "내가 정말 그리스도인인가? 내가 확실히 천국에 갈 수 있을까"라는 의문을 떨쳐버리고 못했다면, 이 시간 그리스도께서

하라고 말씀하신 것을 행하고 마음속으로 이 기도를 드림으로 구원을 확신할 수 있게 될 것입니다.

이제 당신은 다음과 같은 간단한 헌신의 기도를 통해 예수 그리스도를 당신의 삶에 초청할 수 있습니다.

> "고마우신 예수님, 저를 창조하시고 또 저를 사랑해 주시니 감사드립니다. 제가 예수님을 무시하고 스스로 행하며 제 마음대로 길을 갔을 때에도 저를 사랑해 주신 것, 감사드립니다. 저는 지금 제 인생에 예수님이 절대적으로 필요함을 깨닫습니다. 지금까지 제가 저지른 죄로 인하여 참으로 안타까운 마음을 금할 길이 없습니다. 저의 죄를 용서해 주옵소서. 예수님께서 저를 위해 십자가에 달려 돌아가신 것을 감사드립니다. 제가 십자가의 사랑을 더 잘 이해할 수 있도록 도와주옵소서. 이제부터 저는 제가 깨닫는 대로, 주님의 뜻을 따라 살기 원합니다. 예수님, 저의 삶 가운데로 오셔서 제 안에서부터 저를 새로운 사람으로 만들어 주옵소서. 저는 예수님께서 선물로 주시는 구원을 감사로 받아들입니다. 제가 그리스도인으로서 잘 자라가도록 도와주옵소서. 예수님 이름으로 기도합니다. 아멘."

이름 _____ 날짜 _____년 _____월 _____일

"누구든지 주의 이름을 부르는 자는 구원을 받으리라"(롬 10:13).

성경은 "누구든지 주의 이름을 부르는 자는 구원을 얻으리라"라고 말씀합니다. 여러분은 주의 이름을 불렀습니까? 만일 여러분이 진정으로 기도를 드리며 주님의 이름을 불렀다면, 구원은 여러분의 느낌과는 상관없이 엄연한 사실로 존재합니다. 여러분은 실제로 구원받은 것입니다.

여러분이 이해하지 못할 수도 있습니다. 여러분들은 세상에 처음 태어나던 그날에 세상에 대해 모든 것을 이해했습니까? 여러분이 '영적으로

다시 태어날 날에도' 그리스도인의 삶에 대해 모든 것을 이해하지는 못합니다. 초신자가 벌떡 일어나서 빌리 그레이엄처럼 되기를 기대할 수는 없습니다. 여러분은 그리스도인으로 자라야 합니다. 그것이 바로 교회가 있는 이유입니다. 우리 교회는 여러분의 성장을 돕기 위해 존재합니다.

이 과정을 마치고 나면 또 다른 과정이 계속됩니다. 201과정은 여러분의 신앙을 어떻게 성장시킬 것인가, 301과정은 여러분의 사역을 어떻게 발견할 것인가, 401과정은 어떻게 여러분의 인생의 사명을 발견할 것인가에 대해서 나와 있습니다. 이 모든 과정들과 주중 예배가 여러분의 성장을 도울 것입니다. 여러분들은 오늘 헌신함으로써, 어떤 분들은 다시 헌신함으로써, 성숙의 출발점에 서셨습니다.

21페이지 〈우리 교회의 목적 진술〉을 펴십시오.

제 2 장
우리 교회의 목적 진술

우리는 이 시간을 통해서 다음 다섯 가지를 이해하고자 한다.
1. 우리 교회의 목적 진술, 즉 우리가 교회로 존재하는 이유가 무엇인가?
2. 우리 교회를 향한 하나님의 목적은 무엇인가?
3. 우리 교회가 지속적으로 성장해야 하는 이유는 무엇인가?
4. 우리 교회의 신앙고백, 즉 우리는 무엇을 믿는가?
5. 우리 교회가 추구하는 삶의 양식, 즉 그리스도인의 삶의 스타일은 무엇인가?

> 참고 『새들백 교회 이야기』
> - 목적에 의해 움직이는 것의 중요성(p.98)
> - 당신의 목적을 규정하기(p.111)

"형제들아…모두가 같은 말을 하고 너희 가운데 분쟁이 없이 같은 마음과 같은 뜻으로 온전히 합하라"(고전 1:10).

> ### 인도자를 위한 팁
>
> 이 부분을 설명할 때 인도자는 '우리 교회', '교회', '새들백 교회'를 구분해서 설명해야 한다. 이 부분에서 우선 교회의 다섯 가지 존재 목적을 살피고, 새들백 교회의 슬로건과 목적 진술을 참고해서 우리 교회만의 독특한 슬로건과 목적 진술을 만들어야 한다. 인도자는 나름대로 자신만의 슬로건과 목적 진술을 준비해야 할 것이다.
>
> 우리 교회에 적합한 목적 진술을 작성하기 위해서는 『새들백 교회 이야기』(pp. 116-118)를 참고하라.
>
> 효과적인 목적 진술이란 어떤 것인가?
> - 그것은 성경적이어야 한다.
> - 그것은 명확해야 한다.
> - 그것은 전수할 수 있어야 한다.
> - 그것은 측정할 수 있어야 한다.
>
> 만약 당신이 건강하고 튼튼하고 성장하는 교회를 세우기 원한다면 당신은 기초를 놓는 일에 시간을 보내야 한다. 이 일은 교인들의 마음속에 왜 교회가 존재하며, 교회가 해야 할 일은 무엇인가를 분명히 밝혀 줌으로 이루어진다. 분명히 규정된 목적은 놀라운 힘을 발휘한다. 만약 '목적 진술'이 기억할 수 있을 만큼 짧다면 다섯 가지의 놀라운 유익을 가져다 줄 것이다.
>
> 『목적이 이끄는 삶』 pp. 39-45 참고

여러분들이 '자원봉사단체'에 가입하더라도 그 단체의 목적을 이해하신 후에 가입할 것입니다. 이 교회가 왜 존재하며 이 교회는 무엇을 믿는지 정확히 이해하지도 못하면서 교회에 등록한다는 것이 좀 우습지 않습니까?

I. 우리 교회의 목적 진술
- 우리 교회가 교회로서 존재하는 이유 -

성경을 살펴보면 교회가 존재하는 5가지 목적이 있습니다. 이 5가지 존재 목적은 성경 본문 두 곳에서 찾아 볼 수 있습니다.

교회의 5가지 목적은 예수 그리스도께서 주신 두 가지 핵심적인 말씀에 근거하고 있습니다.

- **위대한 계명**
  "예수께서 이르시되 네 마음을 다하고 목숨을 다하고 뜻을 다하여 주 너의 하나님을 사랑하라 하셨으니 이것이 크고 첫째 되는 계명이요 둘째도 그와 같으니 네 이웃을 네 자신 같이 사랑하라 하셨으니 이 두 계명이 온 율법과 선지자의 강령이니라"(마 22:37-40).

- **위대한 사명**
  "그러므로 너희는 가서 모든 민족을 제자로 삼아 아버지와 아들과 성령의 이름으로 세례를 베풀고 내가 너희에게 분부한 모든 것을 가르쳐 지키게 하라"(마 28:19-20).

우리는 여기에서 '마음을 다하여 하나님을 사랑하라.' 그리고 '네 이웃을 네 몸과 같이 사랑하라'라는 위대한 계명을 배웁니다. 마음을 다하여 하나님을 사랑하는 것은 '예배'입니다. 내 이웃을 내 몸과 같이 사랑하는 것은 '사역'입니다.
위대한 사명을 통해 '가서 제자를 삼으라'는 명령을 듣습니다. 이것은 '전도'입니다. 그리고 '세례를 주라'는 명령은 '교제권 안에 편입시키는 것'입니다. '모든 것을 가르쳐 지키게 하라'는 '제자 훈련'을 의미합니다.
교회는 이 다섯 가지 목적을 위해 존재합니다. 우리는 동일한 하나의 주제를 두고 여러 가지 방법으로 이야기할 것입니다. 첫 번째 설명으로 전체가 이해하지 못했다고 생각되면 다른 방법으로 이야기합니다. 그리고 또 다른 방법으로 이야기합니다. 그리고 아직 이해하지 못하는 사람들을 위해서 또 다른 방법으로 이야기하여 마침내는 모여 있는 모든 사람들이 이해하게 됩니다. 이것이 우리의 방법입니다.

우리 교회가 존재하는 다섯 가지 이유는 다음과 같습니다.

첫 번째 목적 : 예배
"네 마음을 다하여 하나님을 사랑하라."
우리 교회는 사람들이 주님을 찬양하도록 돕습니다.

우리 교회의 첫 번째 목적은 예배입니다. 예배가 첫 번째 목적이 된 것은 우리 삶의 첫 번째 목적이 예배이기 때문입니다. 멋진 직업을 가지기 위해, 아름다운 정원을 가지기 위해, 멋진 취미 생활을 즐기기 위해 하나님께서 우리를 창조하신 것이 아닙니다. 우리가 이러한 것들을 위해 창조되었다면 이것들이 우리 삶의 첫 번째 목적이 되어야 하고, 우리 교회의 첫 번째 목적이 되어야 합니다.

예배란 '하나님에 대한 나의 사랑을 표현하는 행위'입니다. 마태복음 4:10은 "…주 너의 하나님께 경배하고 다만 그를 섬기라 하였느니라"고 가르칩니다. 하나님을 섬기는 일에 기쁨으로 열심을 내는 그리스도인들이 많이 있지만 시간이 흐르면서 자신의 창조 목적이 섬김보다 먼저 그분께 예배드리는 일에 있다는 사실을 잊어버리는 경우가 허다합니다. 하나님을 경배하는 일이 우선이 되지 않으면 당신은 사역 때문에 피곤해질 것입니다. 먼저 예배드리십시오. 그것이 우리의 존재 이유입니다.

> **참고 성구**
> "하나님께 참되게 예배하는 자들은 영과 진리로 예배할 때가 오나니 곧 이때라 아버지께서는 자기에게 이렇게 예배하는 자들을 찾으시느니라 하나님은 영이시니 예배하는 자가 영과 진정으로 예배할지니라"(요 4:23~24).

두 번째 목적 : 사역
"네 이웃을 네 자신같이 사랑하라."
우리 교회는 사람들이 자신의 사역을 찾도록 돕습니다.

하나님께서는 예수 그리스도 안에서 선한 일을 하도록 지금의 모습으로 우리를 만드셨습니다. 지상에 사는 우리의 목적은 소비자로 사는 것이 아니라, 다른 사람에게 기여하면서 살아가는 것입니다. 이를 위해 하나님께서 우리를 지으셨습니다. 남에게 받기만 하기 위해서 우리를 만드신 것이 아니라, 다른 사람에게 주게 하기 위해서 우리를 지으셨습니다. 우리 교회는 섬김으로 세상을 변화시키기 위해서 존재합니다.

세 번째 목적 : 전도
"가서 모든 민족을 제자로 삼아라."
우리 교회는 사람들이 자신의 사명을 완수하도록 돕습니다.

우리가 예수님을 믿는 그 순간 우리를 왜 천국에 보내지 않으셨습니까? 왜냐하면 하나님이 우리에게 계획하신 과제가 남아 있기 때문입니다. 우리가 지상에서 사는 목적은 우리에게 사명이 있기 때문입니다. 우리가 지상에서 이와 같은 사명을 감당하는 것을 전도라고 부릅니다. 우리 교회는 사명을 완수하기 위해서 존재합니다.

네 번째 목적 : 교제
"세례(침례)를 주라."
우리 교회는 사람들이 하나님 가족의 지체가 되도록 돕습니다.

왜 세례(침례)가 그토록 중요할까요? 그것은 세례(침례)가 하나님의 영원한 가족의 교제에 편입된다는 것을 상징하기 때문입니다. 세례(침례)를 받는 것은 우리의 믿음을 선포하고, 그리스도의 죽으심과 부활하심에 함께 동참함으로 옛 삶이 죽었다는 것을 나타내며, 그리스도 안에서 새 삶을 살고 있다는 것을 세상에 알리는 의식입니다. 또한 우리가 하나님의 가족이 되었음을 축하하는 것이기도 합니다.

22페이지의 '위대한 사명'을 원어(헬라어)로 보면 "제자 삼으라"라는 하나의 명령에 '가라', '세례(침례)를 주라', '가르치라'라는 세 개의 현재분사가 따라 붙습니다. 가는 것, 세례(침례)를 주는 것, 가르치는 것은 제자 삼는 과정의 핵심적 요소들입니다. 언뜻 보기에는 단순히 세례(침례)주는 일이 전도나 가르치는 일과 같은 위대한 임무들과 동등하게 취급하는 것이 의아할 수도 있습니다. 그러나 그리스도인으로서 우리는 단지 '믿을' 뿐 아니라 '소속하라'고 부르심을 받았습니다. 그리스도인의 삶은 고독한 영웅의 삶이 아닙니다. 오히려 우리는 그리스도의 가족에 속해서 그의 몸의 지체가 되어야 합니다. 세례(침례)는 구원의 상징일뿐 아니라, 교제의 상징입니다.

다섯 번째 목적 : 훈련
"가르쳐 지키게 하라."
우리 교회는 사람들이 영적 성숙을 향해 자라도록 돕습니다.

우리는 예수님을 닮아가는 것을 훈련이라고 말합니다. 하나님께서는 우리의 경력보다 우리의 성품에 더 많은 관심을 가지고 계십니다. 우리가 천국에 갈 때 경력을 가지고 가는 것이 아니라, 성품을 가지고 가야 합니다. 우리가 삶 가운데 어려움에 처할 때 "왜 삶 가운데 이런 어려움이 옵니까?"라고 묻곤 합니다. 그러나 예수를 믿는 사람이라면 답은 단 한 가지, 바로 예수님을 닮게 하기 위해서 그런 상황이 우리에게 오는 것입니다. 우리 교회는 사람들의 영적 성숙을 돕기 위해 존재합니다.

> **인도자를 위한 팁**
>
> 참가자용 23페이지에 있는 '우리 교회의 슬로건'과 '우리 교회의 목적 진술'은 새들백 교회에서 사용하는 것이다. 인도자는 새들백 교회의 슬로건과 목적 진술의 장점을 소개하고, 우리 교회의 목적 진술은 어떤 면에서 차이가 있는지 밝힐 필요가 있다.

새들백 교회의 슬로건과 목적 진술을 살펴봅시다. 새들백 교회의 목적은 두 가지 핵심 성경구절을 근거로 하여 아래와 같이 한 문장으로 요약했습니다. 새들백 교회가 하는 모든 일들이 이 한 문장으로 요약될 수 있습니다. 이 목적 진술은 22페이지의 성경본문 두 곳(마 22:36-40, 28:19-20)에 그 기반을 두고 있습니다.

새들백 교회의 슬로건

"우리는 위대한 계명과 위대한 사명을 향한 위대한 헌신이
위대한 교회로 자라게 한다고 믿는다!"

우리 교회의 슬로건

새들백 교회의 목적 진술

"사람들을 그리스도께로 인도하여 그분 가족의 한 지체가 되게 하고,
그리스도를 본받아 성품이 성숙하게 하며, 교회 안에서 각자의 사역을
감당하도록 준비시키고, 세상 속에서 각자의 인생 사명을 이루게 하며,
하나님의 이름을 찬미하는 것이다.

우리 교회의 목적 진술

이 한 문장 안에 교회의 다섯 가지 목적을 모두 담아 놓았습니다. 그리스도의 지상 사역을 살펴보면, 주님은 이 다섯 가지의 목적을 모두 그의 사역에 포함시키셨다는 것을 알게 될 것입니다(요한복음 17장을 보라). 사도 바울도 마찬가지입니다(엡 4:1-16). 오늘날 우리의 목적도 바뀌지 않았습니다. 교회는 '세워 주고', '격려하며', '예배하고', '준비시키고', '전도하기' 위해 존재합니다. 이 일을 '어떻게' 할 것인지는 각 교회마다 다를 수 있지만, 우리가 '무엇을' 해야 하는지는 다를 수가 없습니다.

II. 우리 교회를 향한 하나님의 목적
- 교회가 주는 5가지 유익 -

1. 교회는 당신의 삶이 하나님께 집중되도록 돕습니다.

> 참고 :
> 『목적이 이끄는 삶』 day-8 '하나님의 기쁨을 위해 계획되었다'

1) 당신은 하나님의 즐거움을 위해 계획되었습니다.

하나님은 항상 우리를 지켜보십니다. 하나님은 우리를 창조하실 필요가 없었습니다. 하지만 당신의 기쁨을 위해 우리를 창조하기로 선택하셨습니다. 그래서 하나님의 유익, 하나님의 영광, 하나님의 목적 그리고 하나님의 즐거움을 위해 우리가 존재하는 것입니다. 하나님을 기쁘시게 하는 것이 우리 삶의 첫 번째 목적입니다.

"이것은 그리스도의 사랑이 우리를 지배하고 있기 때문입니다"(고후 5:14, 현대).

"아무것도 염려하지 말고 다만 모든 일에 기도와 간구로, 너희 구할 것을 감사함으로 하나님께 아뢰라 그리하면 모든 지각에 뛰어난

하나님의 평강이 그리스도 예수 안에서 너희 마음과 생각을 지키시리라"(빌 4:6-7).

하나님께서는 우리의 평강을 원하십니다. 평강으로 우리의 마음과 생각을 지키시는 하나님께 기도와 간구로 나아갈 때 하나님은 기뻐하십니다. 우리에게 베푸실 것을 기대하며 감사함으로 하나님께 아뢸 때 그분은 평강으로 우리 가운데 임재하십니다. 우리는 하나님의 기쁨과 즐거움을 위해 계획되었습니다.

2) 성경은 이것을 예배라고 부릅니다.

예배의 본질적 의미는 '하나님께 기쁨을 드리는 모든 행동'입니다. '하나님의 기쁨을 위해 사는 삶'이 예배입니다. 우리 교회는 여러분이 하나님께 예배하는 삶을 살 수 있도록 돕고 있습니다.

"6일 동안은 일하는 날이며 7일째 되는 날은 쉬어야 할 거룩한 안식일이다. 그러므로 너희는 아무 일도 하지 말고 모여서 나 여호와에게 예배드려야 한다"(레 23:3, 현대).

'모여서 나 여호와에게 예배드려야 한다'에 밑줄 치세요. 이것이 우리가 주일날 함께 모이는 이유입니다. 바로 하나님을 기쁘시게 하는 예배를 드리기 위해서 모이는 것입니다. 우리 교회는 하나님을 예배하기 위해서 존재합니다.

"날마다 마음을 같이하여 성전에 모이기를 힘쓰고…"(행 2:46).

'성전에 모이기'에 밑줄 치십시오. 성령께서 강하게 역사하시는 현장마다 성도들은 모이기에 힘썼습니다. 초대교회와 우리나라의 초창기 역사를 봐도 그렇습니다. 그러나 모여서 무엇을 하는지가 더 중요합니다. 우리 교회는 모여서 주님을 기쁘시게 합니다. 시편 68편을 함께 읽겠습니다.

"하나님께 노래하며 그의 이름을 찬양하라…그의 이름은 여호와이시니 그의 앞에서 뛰놀지어다"(시 68:4).

'그의 앞에서 뛰놀지어다'에 밑줄 치세요. 이것은 '크게 기뻐하라'는 뜻입니다. 우리가 사용하는 '예배'라는 단어와 가장 가까운 단어가 무엇이냐면 '기쁨'입니다. 하나님께 기쁨을 드리는 것이 바로 예배입니다. 하나님의 기쁨을 위해 드리는 예배는 예배자 모두에게도 기쁨을 가져다주어 주님 앞에서 뛰놀게 만듭니다.

3) 성경적 예배의 3가지 스타일

교회마다 예배의 형태가 천차만별로 서로 다르다는 것을 알고 계십니까? 어떤 교회는 아주 '정열적으로' 예배를 드립니다. 예배당 안을 펄쩍펄쩍 뛰어다니기도 합니다. 그들은 그런 분위기의 예배를 사랑합니다. 어떤 교회들은 '매우 엄숙한' 예배를 드리며 그 형식을 엄격히 지킵니다. 그곳에 모이는 사람들은 매주일 똑같은 시간에 똑같은 일을 매번 반복합니다. 그들은 그런 예배를 사랑합니다.

이 두 교회 중 어느 쪽이 잘못된 예배를 드리고 있습니까? 전혀 그렇지 않습니다. 성경은 우리에게 '영과 진리로' 예배드리라고 가르칩니다. 이 성경의 가르침에 따르고 있는 한 그 어느 편도 잘못되지 않았습니다. 예배 '스타일의 다양성'은 그리 큰 문제가 아닙니다.

> **새들백 이야기 :**
> 새들백 교회는 열정과 엄숙함을 모두 추구하는 중도의 입장을 취하고 있다. 예배 인도자 릭 무쵸는 주일예배 때마다 과격한 몸동작을 하기도 한다. 새들백 교회의 예배는 따뜻함과 정열이 넘쳐난다. 그러나 예배의 질서와 조직은 분명히 존재한다. 새들백 교회는 중도의 입장을 취하고 있기는 하지만 아래와 같이 세 가지 특징이 있다(여러분의 교회의 입장을 밝히도록 하라).

① "축제"(시 122:1)

"사람이 내게 말하기를 여호와의 집에 올라가자 할 때에 내가 기뻐하였도다"(시편 122:1)

다윗은 여호와의 집에 올라갈 때에 기뻐했습니다. 우리 교회의 특징 가운데 하나는 사람들이 예배드리기를 좋아한다는 것입니다. 예배 시간은 찬양하는 시간이어야 한다는 것이 우리의 철학입니다. 예배는 기쁨이 넘쳐야 합니다. 장례식 같은 분위기가 되어서는 안 됩니다. 우리 교회는 항상 찬양의 예배를(celebratory services) 드립니다.

시편을 보십시오. 수많은 고백들이 하나님을 향한 기쁨으로 가득 차 있습니다. 기쁨은 축제의 또 다른 표현이라고 할 수 있습니다. 그렇기 때문에 우리 하나님 앞에 축제를 드리고 기쁨으로 하나님을 영화롭게 하는 것이 바로 예배입니다.

② "영감"(사 40:31)

"오직 여호와를 앙망하는 자는 새 힘을 얻으리니 독수리의 날개치며 올라감 같을 것이요 달음박질하여도 곤비하지 아니하겠고 걸어가도 피곤하지 아니하리로다"(사 40:31)

주일 아침 예배에 참석하러 가면서 발걸음은 교회로 향하고 있지만 실제로는 교회에 가고 싶지 않았던 적이 혹시 있습니까? 많은 사람들이 주일 아침에 매우 지쳐 있습니다. 주일 아침인데 마치 월요일 아침 같은 경우가 있습니다. 주일날 맡은 사역 때문에 교회로 발걸음을 옮깁니다. 그런데 예배가 끝났을 때 대부분 회복이 됩니다. 예배에 참석하길 잘했다고 생각합니다.

우리 교회의 예배는 지쳐서, 탈진되어서, 다리를 질질 끌면서 온 사람들이 예배가 끝나고 돌아갈 때에는 회복되고 재충전되어 돌아가도록 계획되어 있습니다. 그리고 예배는 마치 영적 주유소처럼 성도들에게 영감을 주고 성도들의 마음을 회복시킬 수 있도록 기획됩니다. 찬양과 메시지를 통해서 성도들의 기름 탱크에 영적인 휘발유를 가득 부어드립니다.

③ "<u>구비시킴(온전하게 함)</u>"(엡 4:11-12)

"그가 어떤 사람은 사도로, 어떤 사람은 선지자로, 어떤 사람은 복음 전하는 자로, 어떤 사람은 목사와 교사로 삼으셨으니"(엡 4:11)

에베소서 4:11은 교회에 관해 이야기할 때 빠질 수 없는 핵심성구입니다. 이 구절은 하나님의 백성들이 사역할 수 있도록 준비시키는 일이 목사의 할 일이라고 가르쳐 줍니다.

새들백 이야기 :

릭 워렌 목사는 주일 메시지를 준비할 때 성도들이 월요일 아침 삶 속에 적용할 수 있는 어떤 것을 꼭 포함시킨다. 성도들이 그들의 삶에 사용할 어떤 것을 주지 못하는 설교를 했다고 느끼면 세상에서 가장 재미있는 책인 성경을 세상에서 가장 재미없는 책으로 만들어 버린 것 같다고 얘기한다.

새들백 교회의 설교연구를 위해서는 〈목적이 이끄는 설교〉 세미나(국제제자훈련원)를 참고하라.

그러므로 예배를 생각할 때는 세 가지 단어가 마음속에 늘 있어야 됩니다. 축제, 영감, 구비. 예배에 오셔서 찬양하십시오. 새로운 영감을 얻으실 것입니다. 예배에 오셔서 온전하게 구비되십시오. 다가올 한 주간을 준비하게 만드는 무엇인가를 얻으실 것입니다. 우리 인생의 제일 첫 번째 목적은 예배입니다.

2. 교회는 당신이 다른 성도들과 연결되도록 돕습니다.

1) 당신은 하나님의 가족으로 태어났습니다.

> 참고 :
> 『목적이 이끄는 삶』 day-15 '하나님의 가족으로 태어났다'

하나님 가족의 일원으로 태어났다는 것입니다. 하나님의 자녀로도 태어났지만 하나님 가족의 한 사람으로도 태어났습니다.

"이와 같이 우리 많은 사람이 그리스도 안에서 한 몸이 되어 서로 지체가 되었느니라"(롬 12:5).

그리스도 안에서 한 몸이 되었다는 것은 하나님 가족이 되었다는 것을 의미합니다. 가족은 서로 서로 돕고 삽니다.

"하나님을 사랑하는 자는 또한 그 형제를 사랑할지니라"(요일 4:21).

'그 형제를 사랑할지니라'에 밑줄 치십시오. 우리의 영적인 가족은 영원히 함께하기 때문에 혈육 관계의 가족보다 더 중요합니다. 영적 가족으로 형제와 자매의 관계로 묶인 우리는 서로를 사랑해야 합니다. 사도 요한은 그 사랑의 정도를 이렇게 표현합니다. "그가 우리를 위하여 목숨을 버리셨으니 우리가 이로써 사랑을 알고 우리도 형제들을 위하여 목숨을 버리는 것이 마땅하니라"(요일 3:16).

2) 성경은 이것을 교제라고 부릅니다.

교제를 정의하자면 '사랑으로 하나 되는 것'이라고 할 수 있습니다. 헬라어로 '코이노니아'가 바로 그러한 뜻입니다. 사랑으로 우리를 하나 되게 하는 도구들은 모두 교제의 영역에 속합니다.

"이제부터는 여러분이 외국인이나 나그네가 아니라 성도들과 똑같은 시민이며 <u>하나님의 가족입니다</u>"(엡 2:19, 현대).

'하나님의 가족'에 밑줄 치세요. 우리가 그리스도를 믿을 때 하나님은 우리의 아버지가 되시고 우리는 그분의 자녀가 되며, 다른 믿는 사람들은 우리의 형제자매가 되고 교회는 우리의 영적인 가족이 되는 것입니다.

3) 우리 교회의 핵심적인 심장 박동은 <u>소그룹</u>입니다.
   각 지체는 어느 한 소그룹에 소속되어야 합니다.

여러분이 소그룹에 참여할 때 그곳에서 여러분을 알아 주고 사랑으로 섬길 사람을 만나서 교제할 수 있게 됩니다.
  "은사는 여러 가지나 성령은 같고 직분은 여러 가지나 주는 같으며 …너희는 그리스도의 몸이요 지체의 각 부분이라"(고전 12:4-5, 27).
  성경이 교회를 이야기할 때 가장 많이 사용하는 비유가 몸의 비유입니다. 참으로 훌륭한 비유라 생각됩니다. 몸이 없는 사람은 없기 때문에 누구나 이 비유를 쉽게 이해할 수 있습니다. 예수님은 몸의 머리가 되시며 책임자의 역할을 담당하십니다. 그리고 우리들은 그 몸의 각기 다른 지체들입니다. 어떤 사람들은 팔꿈치가 되며, 어떤 이들은 눈이 되며, 어떤 이들은 코가 되며, 또 어떤 이는 엄지발가락이 됩니다. 우리는 모두 그리스도의 몸에서 한 부분을 담당하고 있습니다.
  이것은 참으로 놀라운 교훈입니다. 한 사람의 몸에서 중요하지 않은 부분이 어디 있습니까? 모두가 똑같이 중요합니다. 우리 역시 그러합니다. 우리들 역시 주님의 몸 된 교회에서 똑같이 중요한 존재들입니다.
  처음 교회에 오는 사람들은 "여기서는 내가 필요가 없겠구나. 내가 내놓을 수 있는 게 뭐가 있단 말인가? 내 찬양은 찬양 인도자처럼 은혜롭지 못하고, 반주자처럼 피아노를 훌륭하게 다룰 줄도 몰라. 다른 악기는 손도 못 대고. 목사님처럼 설교도 할 줄 모르고. 강대상 위의 저 꽃꽂이는 누구 솜씨일까? 나는 흉내도 못 내겠다. 아이들도 가르칠 줄 모르니 도대체 내가 뭘 할 수 있겠어"라고 말하는 분이 여러분들 중에도 분명히 있을 것입니다. 그저 교회와 사역의 규모만 보고

"나는 여기서 필요 없겠구나. 내가 할 일은 도무지 없겠구나"라고 생각하셨습니까?

사실은 전혀 그렇지 않습니다. 우리 교회는 여러분 한 분 한 분이 모두 필요합니다. 여러분이 그리스도인이 되기로 결단하고 자신의 삶을 예수 그리스도에게 드렸을 때 주님은 특별한 선물을 여러분에게 주셨습니다. 바로 여러분들이 주님의 몸 된 교회에 다시 드려야 할 특별한 은사라는 선물입니다.

"(한 가족의) 형제처럼 서로 따뜻이 사랑하고 존경하며"(롬 12:10, 현대).

'형제처럼'에 밑줄 치십시오. 우리는 모두 주님 안에서 형제요 자매입니다. 우리는 모두 다른 가정 배경과 교육 배경을 가지고 있지만, 주님 안에서 한 가족이라는 사실이 늘 우리 마음속에 있어야 합니다. 하나님의 가족이 된 것에 대한 감사와 감동이 늘 있어야 합니다.

> 참고 :
> 『새들백 교회 이야기』 pp. 363-366
> 〈목적이 이끄는 소그룹 만들기〉 세미나 (국제제자훈련원)

3. 교회는 당신이 영적 성숙을 개발하도록 돕습니다.

1) 당신은 그리스도를 닮아가도록 창조되었습니다.

"그리스도의 지도를 통하여 온 몸이 완전하게 서로 조화되고 각 지체가 그 기능대로 다른 지체를 도와서 온 몸이 건강하게 자라고 사랑으로 그 몸을 세우게 되는 것입니다"(엡 4:16, 현대).

'각 지체가 그 기능대로 다른 지체를 도와서 온 몸이 건강하게 자라고'에 밑줄 치십시오. 이것이 하나님께서 원하시는 모습입니다. 사도 바울은 건강한 교회를 꿈꾸며 그 교회의 모습을 이렇게 표현했습니다.

각 지체들이 받은 은사와 기능을 가지고 다른 지체들을 잘 도와서 그리스도의 몸 된 교회가 건강하게 자라는 것입니다. 바울은 어떤 조직체를 만드는 것이 아니라, 생명체를 만드는 비전이 있었습니다. 몸에 속한 각각의 지체가 다른 지체를 도와서 건강하게 자라는 가운데에서 영적 성숙을 체험하는 것입니다.

> "그가 어떤 사람은 사도로, 어떤 사람은 선지자로, 어떤 사람은 복음 전하는 자로, 어떤 사람은 목사와 교사로 삼으셨으니 이는 성도를 온전하게 하여 봉사의 일을 하게 하며 그리스도의 몸을 세우려 하심이라 우리가 다 하나님의 아들을 믿는 것과 아는 일에 하나가 되어 <u>온전한 사람</u>을 이루어 그리스도의 장성한 분량이 충만한 데까지 이르리니"(엡 4:11-13).

'온전한 사람'에 밑줄 치십시오. 이것은 성숙한 사람입니다. 온전한 제자의 모습입니다. 그리스도를 닮아 성숙하고 온전한 제자가 되기 위해서는 어떻게 해야 합니까? 먼저, 12절에 '이는 성도를 온전하게 하여'라고 설명하듯이 교회의 영적 지도자들은 성도를 온전하게 훈련시켜야 합니다. 다음에 '봉사의 일을 하게 하며'라고 합니다. 훈련되고 온전케된 성도들이 사역자로 섬기도록 해야 합니다. 이 두 가지 과정을 통해 그리스도의 몸을 건강하게 세울 수 있습니다. 우리 교회는 이렇게 그리스도의 몸을 건강하게 세우고 성도 한 사람 한 사람을 온전한 사람으로 만들기 위해 존재합니다.

2) 성경은 이것을 <u>훈련</u>이라고 부릅니다.

훈련이란 '성도들이 영적으로 성장하도록 도와주는 일'을 의미합니다. 히브리서에서는 "그러므로 우리가 그리스도의 도의 초보를 버리고…완전한 데로 나아갈지니라"(히 6:1-2)라고 말씀합니다. 이 말씀은 예수 그리스도를 개인적인 관계 속에서 알게 되는 것이 전부가 아님을, 그 이상의 무엇인가가 있다는 것을 증명해 주는 구절입니다. 성경은 그것이 성숙, 즉 예수님처럼 되는 것이라고 말합니다.

> **인도자를 위한 팁**
>
> 영적으로 가장 성숙한 교회가 되기 위해서는 성도들이 성장해야 한다. 그 목표의 일환이 이 과정의 수료자가 수강하게 될 201과정이다. 그 과정을 통해 성도들은 어떻게 자랄 것인가, 어떻게 성숙의 과정을 시작할 것인가를 배우게 된다. 어떻게 성경을 읽을 것인가, 어떻게 성경을 연구할 것인가, 어떻게 기도할 것인가, 경건의 시간은 무엇인가에 관해 배우게 된다. 성숙에 관한 많은 정보를 얻을 수 있는 201과정에 참석하도록 격려하라.

"오직 사랑 안에서 참된 것을 하여 범사에 그에게까지 자랄지라 그는 머리니 곧 그리스도라"(엡 4:15).

우리는 모두 그리스도 안에서 늘 자라야 합니다. 자라기를 멈출 만큼 성숙한 사람은 없습니다. 죽어서 관 속에 들어가지 않은 이상 예수 그리스도의 성숙한 모습에 이르기까지 계속 자라야 합니다. 그러므로 교회에 소속되어 신앙생활을 한다는 것은 예수처럼 되고 예수처럼 살아가는 과정을 의미합니다. 날마다 자라야 합니다. 영적 성숙은 끊임없이 하나님 앞에 나갈 때까지 계속해서 해야 되는 것입니다.

"그 말을 받은 사람들은 세례를 받으매 이 날에 신도의 수가 삼천이나 더하더라 그들이 사도의 <u>가르침을 받아</u> 서로 교제하고 떡을 떼며 오로지 기도하기를 힘쓰니라…날마다 마음을 같이하여 <u>성전</u>에 모이기를 힘쓰고 <u>집</u>에서 떡을 떼며 기쁨과 순전한 마음으로 음식을 먹고"(행 2:41-42, 46).

'가르침을 받아'와 '성전', '집'에 밑줄 치십시오. 초대교회는 가르침을 받는 데 굉장히 힘썼습니다. 예수님이 세상을 떠나시고 하늘나라로 승천하시니 제자들이 그 말씀을 지키는 것입니다. 가르쳐 지키게 하는 것입니다. 성전과 집이 상징하는 것은 우리가 영적으로 자라기 위해 꼭 필요한 두 가지 곧, 대그룹과 소그룹입니다.

3) 영적으로 자라기 위해, 두 가지가 필요합니다(행 5:42).
　① 대그룹 예배 : "성전"에서
　② 소그룹 교제 : "집"에서

하나는 대그룹 모임이며 또 하나는 소그룹 모임입니다. 대그룹 예배와 소그룹 교제가 함께 이루어질 때 건강하게 성장하는 교회가 될 수 있습니다.

4. 교회는 당신이 가진 것으로 <u>보답</u>하며 기여하는 삶을 살도록 돕습니다.

1) 당신은 하나님을 섬기기 위해 지금의 모습으로 지음 받았습니다.

> "우리는 하나님의 작품입니다. <u>선한 일을 하게 하시려고</u>, 하나님께서 그리스도 예수 안에서 우리를 만드셨습니다. 하나님께서 이렇게 미리 준비하신 것은, 우리가 <u>선한 일을 하며</u> 살아가게 하시려는 것입니다"(엡 2:10, 새번역).

'선한 일을 하게 하시려고'에 밑줄 치십시오. 다음 세 번째 줄 '선한 일을 하며'에 밑줄 치십시오. 이 선한 일이 바로 사역을 말합니다. 우리는 사역을 위해 지음 받았습니다. 다른 사람들을 섬기는 선한 일을 위해 지음 받은 것입니다. 신앙생활은 구원이라는 천국가는 티켓을 얻은 것으로 끝나는 것이 아닙니다. 구원은 모든 것의 끝이 아니라 모든 것을 이끌어 주는 위대한 출발이 됩니다.

> "우리는 하나님의 <u>동역자들</u>이요"(고전 3:9 상).

'동역자들'에 밑줄 치십시오. 하나님께 속한 파트너들이라는 뜻입니다. 우리는 하나님과 함께 일하는 파트너입니다.

> "두 사람이 한 사람보다 더 나은 것은 협력하므로 일을 효과적으로 할 수 있기 때문이다"(전 4:9, 현대).

우리 교회는 여기에 모이신 여러분들의 필요뿐만 아니라, 나아가 저 바깥 세상에서 아파하며 죽어가고 있는 사람들의 필요까지 섬기기 원합니다. 성경은 "너희가 서로 '사랑'하면 이로써 모든 사람이 너희가 내 제자인 줄 알리라"(요 13:35)라고 말씀하십니다. 제자의 표시로 다른 것을 생각하셨을 수도 있을 텐데 주님은 그 많은 것 가운데서 '사랑'을 선택하셨습니다. "나는 너희가 가진 사랑으로 구별되길 원한다." 주님의 말씀입니다. 주님은 "나는 너희들이 멋진 설교로 유명해졌으면 좋겠다. 멋쟁이로 소문이 났으면 좋겠다. 멋진 교회 건물로 이름이 났으면 좋겠다"라고 하지 않으셨습니다. 그분은 "나는 너희들이 사랑하는 사람들로 세상에 알려지길 원한다"라고 말씀하셨습니다.

우리는 교회 건물의 외형보다 훨씬 더 오래 지속되는 무언가로 알려지길 원합니다. 우리 교회가 속한 이 지역에 사는 사람들이 이 교회를 '사랑이 있는 곳'으로 기억해 주길 원합니다. 사랑 받을 수 있으며 나의 사랑을 표현할 수 있는 곳, 나의 필요가 충족될 수 있고 내가 다른 사람의 필요를 섬길 수 있는 그런 곳으로 알려지길 원합니다. 멋진 건물을 가진 사람들보다는 사랑하는 사람들로 알려지는 것이 주님의 뜻이기 때문입니다.

2) 성경은 이것을 <u>사역</u>이라고 부릅니다.

'사역'이란 '사랑으로 다른 사람들의 필요를 섬기는 일'로 정의될 수 있습니다. 우리 인간은 누구에게나 상처가 있습니다. 그리고 그 내면에는 보이지 않는 크고 작은 싸움을 하고 있습니다. 그 사람이 얼마나 멋지게 보이느냐와는 아무런 상관이 없습니다. 멋진 집과 멋진 자동차, 괜찮은 직업과 상관이 없습니다. 사실 이런 것들은 제자리에 있는 한, 별 문제가 되지 않습니다. 정작 중요한 것은 상처와 필요와 내면의 크고 작은 싸움들입니다. 우리 교회는 이러한 문제들을 사랑으로 돕기 위해 존재하고 있습니다.

"네 직무를 다하라"(딤후 4:5 하).

교회가 그리스도의 몸이며 우리는 모두 그 지체라는 진리는 당신이 우리 교회에 필요하다는 사실을 잘 보여 주는 진리입니다. 우리 교회는 당신이 가지고 있는 그것, 주님께 내어놓을 그것, 바로 그것이 필요합니다. 여러분은 하나님께서 주신 특별한 것을 가지고 있습니다.

우리 교회는 모든 '등록교인'이 '사역자'입니다. 여러분 한 사람 한 사람이 모두 사역자입니다. 예수 그리스도에게 속하셨습니까? 그렇다면 여러분은 그분의 사역자입니다. 우리 교회에서는 중요하지 않은 일이 아무것도 없습니다. 주차장에서 주차를 돕는 일이나 매주일 강단에서 설교하는 사역이나 '중요성'은 동일합니다. 안 보이는 곳에서 휴지를 줍는 일이나, 바깥을 잘 볼 수 있도록 유리창을 닦는 일이나 주일 학교에서 아이들을 가르치는 일이 똑같이 중요합니다. 여러분이 아무리 평범한 사람이라도 하나님이 허락하신 특별한 무엇인가가 분명히 있습니다. 그것을 하나님께서 기적적인 방법으로 사용하시도록 그분께 드려야만 합니다.

3) 우리 교회에서

① 모든 성도는 다 <u>사역자</u>입니다.
② 모든 사역은 다 <u>중요</u>합니다.
③ 모든 성도는 특정한 <u>사역</u> 영역에서 전문가(Top 10)입니다.

> **인도자를 위한 팁**
>
> 301과정에서는 모든 교인이 사역자이며 어떻게 개개인의 은사를 발견하고 개발해서 사역에 임할 수 있는지 구체적으로 배울 수 있다.

"하나님은 불의하지 아니하사 너희 행위와 그의 이름을 위하여 나타낸 사랑으로 이미 <u>성도를 섬긴 것</u>과 <u>이제도 섬기고 있는 것</u>을 잊어버리지 아니하시느니라"(히 6:10).

'성도를 섬긴 것', 그리고 '이제도 섬기고 있는 것'에 밑줄 치세요. 하나님이 결코 잊어버리시지 않는 것이 있습니다. 그것은 우리의 섬김입니다. 하나님은 절대로 잊어버리지 않으십니다.

"그러므로 내 사랑하는 형제들아 견실하며 흔들리지 말고 항상 주의 일에 더욱 힘쓰는 자들이 되라 이는 <u>너희 수고가 주 안에서 헛되지 않은 줄 앎이라</u>"(고전 15:58).

'너희 수고가 주 안에서 헛되지 않은 줄 앎이라'에 밑줄 치십시오. 수고는 무엇입니까? 섬김입니다. 섬김은 하나님께서 결코 잊어버리지 않으시는 것이라고 했습니다. 따라서 결코 헛되지 않습니다. 자신의 모습을 알고 하나님을 섬기는 것이 매우 중요하지만, 그보다 더 중요한 것은 종의 마음을 갖는 것입니다. 하나님이 우리를 자기 중심적인 삶이 아니라 섬김을 위해 부르셨다는 것을 기억하십시오. 종의 마음이 없이는 자신의 유익을 위해 다른 사람의 필요를 돌아보지 않으려는 유혹을 받을 것입니다.

5. 교회는 당신이 하나님의 메시지를 <u>전하도록</u> 돕습니다.

1) 당신은 전도를 위해 지음 받았습니다.

당신은 '전도', 또는 '사명'(Mission)을 위해 지음 받았습니다. 하나님은 지금도 이 세상에서 역사하고 계십니다. 그리고 그 하나님은 당신과 함께 과업을 이루시기를 원하십니다.

"모든 것이 하나님께로서 났으며 그가 그리스도로 말미암아 우리를 자기와 화목하게 하시고 또 우리에게 <u>화목하게 하는 직분을</u> 주셨으니 곧 하나님께서 그리스도 안에 계시사 세상을 자기와 화목하게 하시며 그들의 죄를 그들에게 돌리지 아니하시고 <u>화목하게 하는 말씀</u>을 우리에게 부탁하셨느니라 그러므로 우리가 <u>그리스도를 대신하여 사신</u>이 되어 하나님이 우리를 통하여 너희를 권면하시는 것 같이 그리스도를 대신하여 간청하노니 너희는 하나님과 화목하라"(고후 5:18-20).

'화목하게 하는 직분'에 밑줄을 치십시오. 하나님께서 우리에게 주신 직분이 화목하게 하는 직분입니다. '화목하게 하는 말씀'에 밑줄 치십시오. 화목하게 하는 직분을 감당할 수 있도록 주님께서는 우리에게 화목하게 하는 말씀을 주셨습니다.
'그리스도를 대신하여 사신'에 밑줄을 치십시오. 우리는 예수님을 대신해서 파송된 대사입니다. 작은 그리스도로 부름 받았습니다.

> 참고 :
> 401과정에서는 이 메시지의 내용과 함께, 이 메시지를 전달하는 방법도 배우게 될 것이다.

2) 성경은 이것을 <u>전도</u>라고 부릅니다.

전도의 정의는 "복음을 나누는 것"입니다. 에베소서 3:10은 "이는 이제 교회로 말미암아(through the church) 하늘에 있는 통치자들과 권세들에게 하나님의 각종 지혜를 알게 하려 하심이니"라고 기록하고 있습니다. 다른 말로 바꾸면, 교회의 목적은 하나님에 대해 이야기하는 것입니다. 그가 행하신 놀라운 일들과 그의 놀라운 인격과 그의 지혜로우심에 대해 말하는 것입니다. 이것이 바로 우리의 목적입니다. 로마서 10:13-14은 이렇게 말합니다. "누구든지 주의 이름을 부르는 자는 구원을 받으리라 그런즉 그들이 믿지 아니하는 이를 어찌 부르리요 듣지도 못한 이를 어찌 믿으리요 전파하는 자가 없이 어찌 들으리요"
누군가 '전해주는 이'가 없으면 하나님에 관해 알 수 없다는 것이 이 구절의 핵심입니다. 여러분도 교회에 나오시기 전에 벌써 누군가에게 예수 그리스도의 이야기를 전해 들으셨을 것입니다. 예수 그리스도의 좋은 소식을 들려 드리는 것, 이것이 우리 교회가 존재하는 또 하나의 목적입니다.

"그러나 너희는 택하신 족속이요 왕 같은 제사장들이요 거룩한 나라요 그의 소유가 된 백성이니 이는 너희를 어두운 데서 불러내어 그의 기이한 빛에 들어가게 하신 이의 <u>아름다운 덕</u>을 <u>선포</u>하게 하려 하심이라"(벧전 2:9).

'아름다운 덕'과 '선포'에 밑줄 치십시오. '덕'이란 단어의 또 다른 말은 '업적'입니다. 그리스도인의 본연의 사명은 '하나님께서 나의 삶 가운데 이뤄 주신 업적을 선포하는 것'입니다. 하나님께서 우리를 선택하셔서 왕 같은 제사장으로 삼으시고 거룩한 나라로, 그의 백성으로 불러내셨습니다. 하나님께서 이 위대한 일을 우리 삶 가운데 행하셨습니다. 그것을 선포하는 것이 전도입니다.

"여러분은 그리스도의 기쁜 소식을 믿는 사람답게 생활하십시오. 그래서 내가 함께 있든지 떠나 있든지 여러분이 <u>한마음 한 뜻으로 기쁜 소식의 신앙을 위해서 함께 싸운다</u>는 소식을 듣게 되기를 바랍니다"(빌 1:27, 현대).

'한마음 한 뜻으로 기쁜 소식의 신앙을 위해서 함께 싸운다'에 밑줄 치십시오. 사도 바울은 빌립보 교회 성도들에게서 듣고 싶은 소식이 있었습니다. 성도들 모두 한마음 한 뜻이 되어 복음을 위해 함께 싸우고 있다는 소식을 듣고 싶었습니다. 이렇게 사는 것이 복음 안에 살아가는 그리스도인의 모습이기 때문입니다. 오늘 우리는 복음을 전하지 못하게 막는 모든 방해와 위협에 맞서 싸워야 합니다.

"이 복음이 이미 너희에게 이르매 너희가 듣고 참으로 하나님의 은혜를 깨달은 날부터 너희 중에서와 같이 또한 <u>온 천하에서도 열매를 맺어 자라는도다</u>"(골 1:6).

'온 천하에서도 열매를 맺어 자라는도다'에 밑줄 치십시오. 이 기쁨의 소식이 열매를 맺는 것입니다. 여기에 그리스도인의 사명이 있습니다. 그리스도인의 삶의 목적 가운데 가장 핵심은 기쁜 소식을 위해 사는 것입니다.

"예수께서 이르시되 내가 진실로 너희에게 이르노니 <u>나와 복음을 위하여</u> 집이나 형제나 자매나 어머니나 아버지나 자식이나 전토를 버린 자는 현세에 있어 집과 형제와 자매와 어머니와 자식과 전토를 <u>백 배나 받되</u>…"(막 10:29-30).

'나와 복음을 위하여'와 '백 배나 받되'에 밑줄 치십시오. 말씀의 전제가 무엇입니까? 우리가 하나님의 마음을 헤아려서 그분의 사명 즉, 기쁜 소식을 온 세상에 퍼트려서 이 세상 모든 사람이 믿게 하는 것입니다. 이 일에 우리의 삶을 드린다면 하나님께서 모든 것에서 백배 이상의 효과가 나타나게 우리 삶을 붙들어 주시고 은혜 베풀어 주시고 큰 역사를 나타내 주신다고 하셨습니다.

30페이지 〈우리 교회가 지속적으로 성장해야 하는 이유는 무엇입니까?〉를 펴십시오. 우리 교회는 성장을 추구합니다. 우리 교회는 현재 ○○명의 사람들이 모입니다. 이만하면 충분하지 않나요? 얼마나 더 많은 사람이 필요합니까? 이 교회가 왜 성장을 멈추면 안 되는지 이유를 말씀드리겠습니다.

III. 우리 교회가 지속적으로 성장해야 하는 이유는 무엇입니까?

1. 하나님은 모든 사람을 <u>사랑</u>하시기 때문입니다.

이것이 성장을 멈추면 안 되는 여러 가지 이유 중에 가장 중요한 이유입니다. 하나님은 모든 사람을 사랑하십니다. 예수님은 우리의 모델이 되십니다. 만일 그분이 사람들을 사랑하신다면 우리들도 그분 때문에 사람들을 사랑해야 합니다.

"주께서는 너희를 대하여 오래 참으사 <u>아무도</u> 멸망하지 아니하고 다 <u>회개</u>하기에 이르기를 원하시느니라"(벧후 3:9).

'아무도'에 밑줄 치십시오. 이 세상에서 예수 그리스도를 필요로 하지 않는 사람은 아무도 없습니다. 지구 위의 모든 사람들이 예수님과의 관계를 맺어야 할 필요가 있습니다. 예수님과 관계를 맺지 못한 사람들은 영원히 지옥에서 보내게 됩니다. 이 사실을 믿는 우리들은 지역에 있는 모든 사람들에게 손 내미는 일을 영원히 계속할 것입니다.

'회개'에 밑줄 치십시오. 하나님이 모든 사람들을 사랑하시기 때문에 기다리시고 있습니다. 하나님의 사랑은 기다림입니다. 우리 지역 사람들이 다 하나님 앞에 회개하고 하나님의 자녀가 되기를 기다리고 계십니다. 우리는 그들에게 예수 그리스도에 관하여 이야기해야 한다는 책임을 느낍니다. 그분이 그들을 사랑하신다면 우리 역시 그들을 사랑해야 합니다. 이 이유 때문에 우리는 성장을 멈출 수 없습니다.

고린도후서 5:14; 누가복음 15:3-10; 마태복음 9:12-13

2. 하나님은 우리가 불신자들에게 나아가기를 <u>명령</u>하시기 때문입니다.

'사람들에게 나아가 나에 관하여 이야기하라.' 이것이 하나님의 명령입니다. 예수님께서 누가복음 14:23에서 이렇게 말씀하십니다.

"주인이 종에게 이르되 길과 산울타리 가로 <u>나가서</u> 사람을 강권하여 데려다가 내 집을 채우라"(눅 14:23).

'나가서'에 밑줄 치십시오. 하나님은 우리가 나가서 복음을 전하시길 원하십니다. 결단하고 나가는 사람에게 성령께서 힘을 주실 것입니다. 우리 교회에는 이미 사람들이 많이 모였습니다. 어떻게 보면 가득 찼다고도 볼 수 있습니다. 그러나 이제 사람들이 더 올 수가 없을 정도로 가득 찬 것은 아닙니다. 교회에 오는 사람들 모두 예수님이 필요한 사람들입니다. 사도행전 1:8에서 예수님께서 다시 한 번 말씀하십니다.

"…너희가…내 <u>증인</u>이 되리라"(행 1:8).

'증인'에 밑줄 치십시오. 증인은 뭐지요? 보고 들은 것을 말하는 사람입니다. 성령님에 도구가 되어 자신에게 일어난 하나님의 역사를 말하는 사람이 증인입니다. 날씨가 좋고 기분도 좋거든 나의 증인이 되라고 말씀하시지 않습니다. 그분은 명료하게 말씀하십니다. 성령의 역사를 경험한 사람은 당연히 증인이 됩니다. 증인이 되라고 명령하지 않고 "내 증인이 되리라"고 말씀하신 것을 기억하십시오. 성령의 역사로 구원받은 사람은 누구나 본질적으로 증인이 되었다는 것입니다. 하나님이 사람들을 사랑하시기 때문에 우리는 전파할 것입니다. 하나님이 우리에게 명하셨기 때문에 우리는 전파할 것입니다.

3. 교회의 성장은 하나님의 뜻이기 때문입니다.

주님의 교회가 성장하는 것은 주님의 뜻입니다. 골로새서 2:19은 다음과 같이 말합니다.

> "온 몸이 머리로 말미암아 마디와 힘줄로 공급함을 받고 연합하여 하나님이 자라게 하시므로 자라느니라"(골 2:19).

'하나님이 자라게 하시므로 자라느니라'에 밑줄 치십시오. 하나님께서 교회가 성장하기를 원하고 계신다는 것이 매우 분명하고 직접적으로 드러나 있는 구절입니다. 교회는 본질적으로 자라도록 되어 있습니다. 자라는 것은 자연스러운 일입니다. 나무가 뿌리에서 줄기로 그리고 나뭇잎으로 연결이 되어 있으면 자연스럽게 자라납니다.

> "내(예수님)가…내 교회를 세우리니"(마 16:18).

'세우리니'에 밑줄 치십시오. 예수님께서 계속해서 교회를 세워 나가고 계십니다. 세우다가 잠깐 정체되는 현상이 있을 수 있지만 끊임없이 자라나야 하고 끊임없이 세워져야 하는 것이 바로 교회입니다. 질적으로 양적으로 교회가 풍성하게 자라는 것, 그것이 하나님의 뜻입니다. 우리가 그 일에 도구로 쓰임을 받고 있습니다. 성장은 그분의 뜻입니다.

이제 성장을 멈추고 성장을 제한해야 한다고 이야기하는 사람들이 제시하는 이유 몇 가지를 말씀드리겠습니다. 지극히 비성경적인 생각들입니다.

1) 교회의 성장에 대한 비성경적인 변명들

① "하나님은 숫자에 관심이 없으시다."

만일 하나님이 숫자에 관심이 없으시다면 왜 성경 중 한 권의 책이 민수기(Numbers)라고 이름 지어졌는지 그 이유를 말씀해 주십시오. '민수기'라는 말은 백성의 숫자를 센다는 의미입니다. 민수기에서 하나님이 하신 일이 무엇입니까? 하나님의 백성, 이스라엘 백성의 숫자를 세고 있습니다. 홍해를 건넌 출애굽 1세대의 숫자를 세고, 광야 40년을 지난 후 출애굽 2세대의 숫자를 셌습니다. 왜 그랬습니까? 숫자 하나하나가 그분이 사랑하는 한 사람 한 사람을 나타내기 때문입니다. 하나님은 숫자에 관심이 있으십니다. 그 숫자가 곧 영혼이기 때문입니다.

> **새들백 이야기 :**
> 어떤 목사가 릭 워렌 목사에게 와서 이런 질문을 한 적이 있다. "우리 교회는 사람들의 수를 세지 않습니다." 이 말에 릭 워렌 목사는 "헌금은 계수하십니까?"라고 질문했다. "물론입니다"라고 그 목사가 대답했다. "그렇다면 사람은 계수하지 않고 돈은 계수하고 있군요"라고 대답했다고 한다.

요점은 사람이 중요하다는 것입니다. 우리가 다른 교회들보다 얼마나 더 큰지를 보기 위하여 계수하는 것이 아닙니다. 숫자가 곧 영혼입니다. 하나님은 숫자에 관심이 있으십니다.

② "우리 교회는 양보다 질을 중시한다."

우리 교회는 '양'(quantity)이 아니라 '질'(quality)을 중시한다. 이 말은 사실 매우 위선적인 말입니다. 여러분들은 낚시를 갈 때 질에 관심이 있으십니까, 양에 관심이 있으십니까? '양'과 '질', 이 두 가지 모두를 중요하게 생각하지 않습니까? 낚시를 떠나는 대부분의 사람들이 법률의 한계 내에서 최대한 크고, 최고로 아름다운 고기를 최대한 많이 얻기 원합니다. 질과 양은 서로 상충하는 것이 아닙니다.

그리스도를 위하여 사람들을 찾고 그들이 예수 그리스도의 장성한 분량에 이르기까지 성장하기 원하는 교회 역시 마찬가지입니다. '질'과 '양'이 동시에 추구되기란 어려운 일이 아닙니다. 만일 우리들이 '질'에 관심이 없다면 그저 사람들의 수를 불리는 일에만 집중했을 것입니다. 우리들은 가능한 많은 사람들이 예수 그리스도를 알기 원합니다. 동시에 그들이 예수 그리스도의 인격으로 자라도록 돕기 원합니다. 우리는 '양'과 '질' 모두를 중요시합니다.

> **새들백 이야기**(이것은 새들백 교회의 릭 워렌 목사의 사모인 케이 워렌이 사용하는 예화다.) :
> 여러분들 중에 형제들 가운데 맏이로 태어나신 분이 몇 분이나 계십니까? "이제 질적으로 우수한 어린이가 태어났으니 더 이상은 아이를 낳을 필요가 없다"라고 부모님들이 말씀하셨다면 어떻게 되었을까요? 지금 이 자리에 안 계실 분이 많이 있었을 것입니다.
> 만일 저희 부부가 세 아이들과 캠핑을 나갔다가 아이들을 모두 잃어버렸다고 가정해 봅시다. 저는 아이들을 잃어버리는 일이 없겠지만 릭은 그럴 수 있습니다. 릭이 우리 아이들 셋을 모두 잃어버렸다고 가정해 봅시다. 그러면 우리 부부는 아이들을 찾아 나설 것이고 그 가운데 한 아이를 찾았다고 칩시다. 그러면 릭이 "여보, 이제 더 이상 찾을 필요가 없겠소. 질적으로 우수한 아이를 하나 찾았지 않았소"라고 이야기할

> 까요? 그러면 저는 그것으로 위로를 얻고 다시 행복해질 수 있겠습니까? 아니요, 결코 그렇지 않습니다. 여러분이라면 그렇겠습니까? 여러분도 물론 그렇지 않을 것입니다.

'질'과 '양' 이 둘 사이에 양보는 존재하지 않습니다.

③ "대형교회는 비인격적(비개인적)이다."

대형교회는 비인격적일 수도 있다고 생각합니다. 그러나 비인격적인 교회는 결코 큰 교회로 성장하지 못합니다. 차갑고 친절하지 않은 교회에는 사람들이 가질 않습니다. 대형 교회들보다는 오히려 작은 교회들이 차갑고 친절하지 않을 수 있습니다. 큰 교회의 분위기가 따뜻하며 사람들을 중요시하기 때문에 그 수가 증가한 것입니다.

> **새들백 이야기 : 새들백 교회 안내전통**
> **새들백 교회 성장의 요인**
> 저희들에게는 방문자들이 새들백에서 받은 인상을 기록해 준 카드(90%의 응답이 대략 "사람들이 따뜻하고 친절하다는 것을 느꼈다"라고 말한다)가 수천 장이나 됩니다. 교회의 엄청난 크기 다음으로 가장 많이 이야기하는 것이 사람들이 따뜻하고 친절하다는 것입니다. 이것은 사실 의도된 것입니다. 우리는 사람들이 서로 인사를 나누도록 하기 위해 상당히 노력합니다. "47명의 사람에게 인사하기" 같은 말이 좀 우습게 들릴 수도 있습니다. 그러나 이것은 교우들 간의 접촉을 위한 것이며 미소와 인사로 그들이 중요한 존재임을 알게 하는 데 그 목적이 있습니다. 이렇게 함으로써 사람들은 강한 인상을 받게 됩니다. 이 교회에 있는 누군가가 자신에 대해 신경을 쓰고 있다는 인상을 갖게 됩니다. 큰 교회들이 비인격적일 수는 있습니다. 그러나 새들백 교회는 그렇지 않습니다.

매주일마다 교회는 규모가 점점 더 커져 갑니다. 그러나 동시에 사람들을 소그룹에 연결시키기 때문에 교회는 점점 작아집니다. 주말에 여기에 오셔서 예배를 함께 드리는 것은 참으로 멋진 일입니다. 수천 명의 사람들이 함께 찬양합니다. 장엄한 목소리의 찬양과 경외심을 느끼게 하는 음악이 있습니다. 믿을 수 없을 만큼 멋진 경험입니다. 저는 이 예배를 참 사랑합니다. 그러나 나를 위해 기도해 줄 누군가가 필요할 때 이 수천 명의 사람들이 나의 필요를 채워주지는 않습니다. 나의 필요를 돌보아 줄 누군가를 얻으려면 소그룹에 속해야 합니다. 나의 이름을 알고 나의 삶에 일어나는 일들을 알고, 나에게 무엇이 중요한지를 알고, 내가 아프거나 병원에 입원했을 때, 혹은 어떤 비극적인 일이 내 삶에 닥쳤을 때, 혹은 매일 매일 복잡한 삶에서 나를 도와줄 사람은 소그룹에 있습니다.

2) 우리는 우리 교회가 계속 더 크게, 그리고 동시에 더 작게 성장해야 한다고 믿습니다!

"이 천국 복음이 모든 민족에게 증언되기 위하여 온 세상에 전파되리니 그제야 끝이 오리라"(마 24:14).

하나님은 모든 사람들을 사랑하십니다. 그렇기 때문에 모든 사람들이 하나님의 이야기를 듣게 되기를 원하십니다. 그분은 너희들이 나의 제자라면 이 일을 할 것이라고 말씀하셨습니다. 성장은 그분의 뜻입니다. 이제 32페이지 〈우리 교회의 신앙고백〉을 잠깐 살펴보도록 하겠습니다. 신앙고백이란 우리가 무엇을 믿는가에 관한 것입니다. 하나님과 예수 그리스도와 성령과 성경과 인간과 구원과 영원한 인치심과 영생에 관한 우리의 믿음이 네 페이지에 걸쳐 소개되고 있습니다. 우리 교회의 등록교인이 되시려면 이 일곱 가지의 본질적인 교리에 동의하셔야 합니다. "이 문제에 대해서는 확신이 없는데"라는 부분이 있으면 등록을 잠깐 미루시고 교역자를 만나시기를 권합니다.

> 인도자를 위한 팁
>
> 101과정이 '교리'를 배우는 과정은 아니다. 어떤 교회들은 '교리'에 중점을 둔 내용으로 새교우반을 가르치기도 한다. 이런 주제들이 중요하기는 하지만 '기독교 교리반'에서 다루는 것이 더 적합하며 새교우반과 구별하는 것이 좋다.
> 교리에 관해서는 『목적이 이끄는 기독교 기본 교리』(국제제자훈련원)를 참고하라(1.성경 2.하나님 3.예수님 4.성령(님) 5.창조 6.구원 7.성화 8.선과 악 9.죽음, 그 후 10.교회 11.재림).

IV. 우리 교회의 신앙고백
- 우리가 믿는 것 -

1. 신앙의 본질적 요소들에 대해서, 우리는 통일성을 유지합니다.

"몸이 하나요 성령도 한 분이시니…주도 한 분이시요 믿음도 하나요 세례도 하나요 하나님도 한 분이시니 곧 만유의 아버지시라 "(엡 4:4-6).

이것들은 본질적인 것들입니다. 그러나 그리스도인의 삶에는 본질적이지 않은 것들도 많이 있습니다. 그러한 비본질적인 것들에 대해서 여러분이 기도하고 말씀 연구를 통해 얻은 나름의 해석에 자유를 허락합니다. 비본질적인 것에 대해서는 다른 형제자매들과 생각이 다를 수 있습니다. 다시 말해서 우리 교회는 비본질적인 것들에 대해서는 다양하고 자유로운 생각을 허용합니다.

2. 신앙의 비본질적인 요소들에 대해서, 우리는 자유합니다.

"여러분은 믿음이 약한 이를 받아들이고, 그의 생각을 시비거리로 삼지 마십시오.…우리가 누구이기에 남의 종을 비판합니까? 그가 서 있든지 넘어지든지, 그것은 그 주인이 상관할 일입니다. 주님께서 그를 서 있게 할 수 있으시니, 그는 서 있게 될 것입니다.…그러므로 우리는 각각 자기 일을 하나님께 사실대로 아뢰어야 할 것입니다.…그대가 지니고 있는 신념을 하나님 앞에서 스스로 간직하십시오"(롬 14:1, 4, 12, 22, 새번역).

'받아들이고'에 밑줄 치십시오. 이 본문은 우상에 바친 제물을 먹는 것에 관한 설명입니다. 사도 바울은 이러한 문제를 다루면서 주님 안에서 같은 믿음을 가지는 것이 중요하고 그 믿음 안에서 우리가 자유로워야 한다고 말합니다. 우리가 분명히 통일성을 유지해야 하지만 서로가 서로를 인정해야 될 영역도 분명히 있다는 말입니다. 그리스도 안에서 하나라는 정신과 자세로 나아갈 때 우리의 통일성이 유지되고, 서로 의견을 달리하는 영역이 있다 할지라도 서로 자유하게 될 수 있습니다.

새들백 이야기 : "새들백 교회는 은사주의 교회입니까?"

사례 하나를 말씀드리겠습니다. "새들백 교회는 은사주의 교회입니까?"라고 질문하는 분들이 계십니다. 새들백 교회는 은사주의 교회도 아니며 은사주의를 반대하는 교회도 아닙니다. 새들백 교회 안에는 은사를 매우 중요시하며 방언으로 이야기하고 은사가 신앙생활의 필수적인 부분이라고 믿는 분들도 계십니다. 그러나 다른 한편에는 은사에 관한 이야기를 듣기 꺼리는 분들도 계십니다. 새들백 교회는 이 문제에 대해 이런 입장을 취합니다. 은사는 구속과 직접적인 상관이 없으므로 일곱 가지 본질적인 교리에 속하지 않습니다. 은사는 그분께서 원하시는 사람 누구에게나 주시는 성령의 선물에 속합니다. 그러므로 이 부분에 대해서는 자유로운 해석과 생각을 허용합니다. 하나님께서 은사를 선물로 주셨습니까? 축하드립니다. 그러나 다른 형제자매들에게 "당신도 나와 똑같은 선물을 받아야만 해"라고 강요해서는 안 됩니다. 그건 별개의 문제입니다. 새들백 교회는 은사 중심의 교회도 아니며 은사주의를 반대하는 교회도 아닙니다.

101과정에서 자주 하는 질문 : 예수님의 재림에 관하여

재림 문제에 대해서는 주로 세 가지 입장이 있습니다. 전 천년설을 주장하는 사람들이 있고, 후 천년설을 주장하는 사람들이 있으며, 무 천년설을 주장하는 사람들도 있습니다. 이 단어들이 무슨 말인지 하나도 모르시겠습니까? 걱정하지 마십시오. 중요한 문제가 아닙니다. 자유하십시오. 교재를 보시면 알겠지만 예수님의 재림에 대하여 우리가 믿는 것은 단 한 가지입니다. 우리는 예수님께서 재림하신다는 사실 하나만을 믿습니다. 그분의 재림을 사모하고 사람들을 준비시키는 일은 우리의 책임입니다. 예수님의 재림에 대해서는 다양한 관점들이 있습니다. 그러나 예수님이 재림하신다는 본질적인 사실에 대한 믿음만 있다면 다른 여러 이야기들에 대해서 자유롭게 논의할 수 있습니다.

101과정에서 자주 하는 질문 : 흡연과 음주

한 번은 어떤 형제분이 목사에게 "담배를 피우면 지옥에 갑니까?"라고 질문한 적이 있습니다. 흡연이야말로 논란이 많은 문제 중의 하나입니다. 그 목사님은 이렇게 대답했습니다. "아닙니다. 그렇지만 형제에게서 지옥에 갔다 온 듯한 냄새가 나겠지요."

음주 문제도 그렇습니다. 어떤 교회에서는 조금이라도 술을 마시면 그 신앙이 의심받습니다. 제대로 된 그리스도인은 절대로 술을 마시지 않는다는 것이 그 교회의 가르침입니다. 새들백 교회는 그렇게 가르치지 않습니다. 성경이 이 문제를 그렇게 다루었다고 생각하지 않기 때문입니다. 성경이 술에 대해 가르치는 바는 '절제'라고 생각합니다. 중요한 것은 절제입니다. 하나님 이외의 어떤 다른 것에 내 삶의 통제권을 넘겨주는 것은 위험합니다. 술에 취하면 이 위험에 노출됩니다. 성경은 이것을 경계합니다. 술취함에 대해서는 변명의 여지가 없습니다. 그러나 절제하여 마시는 술은 별개의 문제입니다. 그러나 새들백 교회의 모든 교역자들은 술을 전혀 마시지 않겠다고 서약했습니다. 우리가 붙잡히기 원하지 않는 어떤 것에 우리의 삶이 발목 잡히는 일이 없기를 원하며, 우리

> 가 술을 마시는 것을 보고 다른 사람들이 술을 마셔도 된다는 허락을 받은 것으로 생각하는 일이 없기를 원하며, 그래야 할 필요를 느끼지 못하기 때문에 술을 전혀 마시지 않기로 결정하고 서약했습니다. 그러나 논란이 많은 이 문제에 대해서 성령님과 교통하시면서 자유를 누리십시오.

요약하면 이렇습니다. '본질적인 교리'에 대해서는 하나 됨이 필요합니다. 다양성을 인정하지 않습니다. 우리 교회의 등록교인이 되시려면 반드시 동의해야 할 일곱 가지 교리가 있습니다. 이 '일곱 가지의 본질적 교리 이외의 것들'에 대해서는 자유로운 해석을 허락합니다. 그리고 우리는 이 모든 교리들 가운데서 사랑을 가장 우선으로 합니다.

3. 신앙의 모든 요소들에 대해서, 우리는 사랑을 나타냅니다.

"내가 예언하는 능력이 있어 모든 비밀과 모든 지식을 알고 또 산을 옮길 만한 모든 믿음이 있을지라도 사랑이 없으면 내가 아무것도 아니요"(고전 13:2).

'사랑이 없으면'에 밑줄 치십시오. 거듭 말씀드리지만, 우리는 이 모든 교리들 가운데서 사랑을 가장 우선으로 합니다. 신학적으로 정확하게 옳은 해석을 내리는 것은 중요합니다. 요한계시록에 나오는 그 짐승이 누구를 의미하며, 또 붉은 말은 누구를 의미하며, 나팔은 무엇을 나타내며, 이 일은 언제 일어나는지 정확하게 알고 있는 것도 중요합니다. 그러나 이 모든 지식 위에 사랑이 없다면 어떻게 됩니까? 사랑이 없는 지식은 아무것도 아닙니다.

우리는 본질적인 것에 대해서는 통일된 시각을 추구하지만 비본질적인 모든 것에 대해서는 서로 자유를 용납하며 이 모든 것들을 뛰어넘어 서로를 사랑하기 원합니다.

교회를 다니다보면 별로 마음에 들지 않는 사람도 만나게 됩니다. 고의적으로 혹은 무의식 중에 여러분의 감정을 상하게 하는 사람도 있습

니다. 여러분의 아이디어를 자신의 것처럼 가져가 칭찬을 가로채는 사람도 있을 것이며, 너무 열심히 노력한 어떤 일에 대해 인정받지 못해 마음이 상하는 일도 있을 것입니다. 어떤 경우에는 정말 꼴도 보기 싫은 사람도 있을 수 있습니다.

교회라는 곳이 왜 이렇습니까? 그 이유는 교회가 여러분과 똑같은 인간들이 모인 곳이기 때문입니다. 우리 인간들이 어떤 사람입니까? 불완전하며 실수투성이에다가 하나님의 은혜로 구원받은 죄인이지 않습니까? 이러한 교회에 등록하기 원하신다면 등록하기 전에 먼저 이 점을 결심하십시오. 만나는 모든 사람들을 사랑하는 마음을 가지겠으며, 필요한 경우 용서와 화해의 길로 나갈 것이라고 굳게 결심하십시오. 반드시 그렇게 하셔야 합니다.

우리와 함께 한 가족이 되기 원하신다면 용서하겠다는 결단과 함께 기꺼이 용서하는 법을 배우실 필요가 있습니다. 기꺼이 용서하는 법을 배우겠다는 마음이 없는 분들은 등록하지 않기를 원합니다. 여러분들 가운데 분열에 맨 앞자리에 서는 선구자가 나오기를 원치 않습니다. 교회에 등록하기로 결심하셨다면, 문제나 어려움이 생길 경우 용서와 화해를 위해 사랑의 마음으로 해결하라는 성경의 가르침에 순종하겠다고 하나님 앞에 약속하십시오.

우리 교회의 등록교인이 되시려면 반드시 동의해야 할 일곱 가지 교리가 있다고 말씀드렸습니다. 이 '일곱 가지의 본질적 교리 이외의 것들'에 대해서는 다양한 해석을 허락합니다. 그러나 이 일곱 가지의 본질적인 교리는 여러분들이 철저히 알고 믿으시기를 원합니다.

4. 우리가 믿는 믿음의 본질적 요소들

1) 하나님에 대하여

하나님은 우주의 창조자요, 통치자이십니다. 하나님은 영원 전부터 영원까지 성부, 성자, 성령의 세 인격으로 존재합니다. 이 세 분은 위격이 같으며 한 하나님이십니다.

창세기 1:1, 26-27, 3:22; 시편 90:2; 마태복음 28:19; 베드로전서 1:2; 고린도후서 13:13

2) 예수 그리스도에 대하여

예수 그리스도는 하나님의 아들이십니다. 그분은 아버지 하나님과 격이 같습니다. 예수님은 죄 없는 인생을 사셨고 십자가에서 죽으심으로써 세상 모든 사람들의 죄를 위해 완전한 희생제물이 되셨습니다. 예수님은 삼일 만에 죽은 자 가운데서 살아나셔서 죄와 사망의 권세를 정복하시는 능력을 보여 주셨습니다. 예수님은 영광스런 하늘나라로 승천하셨고 만왕의 왕, 만주의 주로서 통치하시기 위해 언젠가 세상으로 또다시 오실 것입니다.

마태복음 1:22-23; 이사야 9:6; 요한복음 1:1-5, 14:10-30; 히브리서 4:14-15; 고린도전서 15:3-4; 로마서 1:3-4; 사도행전 1:9-11; 디모데전서 6:14-15; 디도서 2:13

3) 성령님에 대하여

성령님은 아버지 하나님 및 예수님과 격이 같습니다. 성령님은 지금 세상에 계시면서 사람들에게 예수 그리스도가 필요함을 깨닫게 하십니다. 성령님은 사람들이 구원받는 순간부터 그들 안에 내주 하십니다. 성령님은 그리스도인에게 인생을 살 힘을 주시고, 영적인 진리를 깨닫게 하며, 옳은 일을 행하도록 이끌어 주십니다. 성령님은 성도 한 사람 한 사람이 구원받을 때 영적 은사를 주십니다. 그리스도인으로서 우리는 매일 성령님의 인도하심 가운데 살아가도록 힘을 기울여야 합니다.

고린도후서 3:17; 요한복음 16:7-13, 14:16-17; 사도행전 1:8; 고린도전서 2:12, 3:16; 에베소서 1:13; 갈라디아서 5:25; 에베소서 5:18

4) 성경에 대하여

성경은 우리를 향한 하나님의 말씀입니다. 성경은 성령님의 초자연적 이끄심 가운데 인간 저자들에 의해 기록되었습니다. 성경은 그리스도인이 믿음과 삶을 위한 진리를 얻는 데 있어서 최상의 자료입니다. 하나님께서 영감하셨기 때문에, 어떤 오류도 섞이지 않은 진리입니다.

디모데후서 3:16; 베드로후서 1:20-21; 디모데후서 1:13; 시편 119:105, 160, 12:6; 잠언 30:5

5) 인간에 대하여

인간은 하나님의 형상을 따라 창조되었기 때문에 인격적인 면에서 그분을 닮았습니다. 사람은 하나님께서 창조하신 최고의 작품입니다. 비록 모든 사람이 선하게 살 수 있는 큰 가능성을 갖고 있었지만, 사람이 그렇게 살지 못하고 죄를 지음으로 말미암아 우리는 우리 자신과 하나님 사이를 갈라놓고 말았습니다. 또한 우리는 모두 인생 가운데서 많은 문제들을 일으키는 잘못된 삶의 자세들로 인해 손상되었습니다.

창세기 1:27; 시편 8:3-6; 이사야 53:6 상; 로마서 3:23; 이사야 59:1-2

6) 구원에 대하여

구원은 우리를 향한 하나님의 값없는 선물이며 우리는 그 선물을 받아들여야 합니다. 우리는 결코 인간적 자기개선이나 선행으로 우리 죄를 보상할 수 없습니다. 오직 하나님께서 죄 용서를 위해 보내신 예수 그리스도를 믿음으로써 죄로 인한 형벌로부터 구원받을 수 있습니다. 누구든지 예수님을 믿을 때 구원받게 됩니다. 영원한 생명은 믿음을 갖고 예수 그리스도를 우리 각자의 삶 가운데로 모시는 순간부터 시작됩니다.

로마서 6:23; 에베소서 2:8-9; 요한복음 14:6, 1:12; 디도서 3:5; 갈라디아서 3:26; 로마서 5:1

7) 영원에 대하여

사람은 영원히 존재하도록 창조되었습니다. 사람은 죄로 인해 하나님으로부터 영원히 격리된 채로 살든지, 아니면 용서와 구원을 통해 하나님과 영원히 함께 살게 됩니다. 하나님으로부터 영원히 격리되는 것이 지옥입니다. 하나님과 영원히 하나 되는 것이 영생입니다. 천국과 지옥은 영원토록 존재하는 실재의 장소들입니다.

요한복음 3:16; 요한일서 2:25; 5:11-13; 로마서 6:23; 요한계시록 20:15

V. 이런 삶을 사십시오
– 그리스도인의 9가지 삶의 스타일(L.I.F.E.S.T.Y.L.E.) –

LIFE STYLE은 9가지 그리스도인의 삶의 양식에 관한 내용의 첫 글자를 이용해 만든 두문자어(acronym)입니다. 그리스도인으로서 모범적인 삶의 모습을 이렇게 두문자어로 외우기 쉽게 만든 것입니다. 다음은 9가지 영어 문장입니다.

    Living on purpose,
    Influencing our culture,
    Finding common ground-with those who don't believe yet,
    Expecting in faith,
    Small group fellowship,
    Tithing,

Yearly spiritual check-ups,
Laughing at ourselves,
Every member is a minister

믿음이란 행동으로 옮겨지지 않으면 별로 가치가 없습니다. 우리의 삶은 우리의 신앙고백과 함께 어우러져야 합니다. 성경은 생활양식(Lifestyle)의 중요성에 대해 다음과 같이 분명히 알려줍니다.

"우리가 이 직분이 비방을 받지 않게 하려고 무엇에든지 아무에게도 <u>거리끼지 않게 하고</u>"(고후 6:3).

'거리끼지 않게 하고'에 밑줄 치십시오. 사도 바울은 아무에게도 혹은 무엇에든지 해를 끼치지 않았습니다. 그 누구에게도 자신의 일로 해를 끼칠 수 있는 권리를 허락하지 않았습니다. 신앙생활은 단순히 진리를 말하는 것이 아닙니다. 진리대로 사는 것입니다. 예수님의 복음이 현대인의 삶 속에 그대로 적용되어야 한다는 것입니다. 생활양식(Lifestyle)은 이러한 면에서 중요합니다.

"하나님의 사랑 안에서 자신을 지키며 영생에 이르도록 우리 주 예수 그리스도의 긍휼을 기다리라"(유 1:21).

"너희는 <u>말씀을 행하는 자</u>가 되고 듣기만 하여 자신을 속이는 자가 되지 말라"(약 1:22).

'말씀을 행하는 자'에 밑줄 치십시오. 말씀을 행하는 것, 말씀을 우리의 삶에 적용하는 것이 중요합니다. 다음은 하나님의 말씀을 우리의 삶에 어떻게 적용할 수 있을지에 관한 9가지 생활양식(Lifestyle)입니다.

1. 목적을 가지고 살아가십시오(Living on purpose).

"어리석은 자가 되지 말고 오직 주의 뜻이 무엇인가 이해하라"(엡 5:17).

'주의 뜻이 무엇인가'에 밑줄 치십시오. 믿는 그리스도인에게는 하나님의 뜻이 중요합니다. 그분이 우리의 삶을 향하여 가지고 계신 뜻과 목적이 무엇인지 이해하십시오. 날마다 하나님의 뜻과 목적을 물어보십시오.

"다윗은 당시에 하나님의 뜻을 따라 섬기다가…"(행 13:36).

'하나님의 뜻을 따라 섬기다가'에 밑줄 치세요. NIV 성경에 보면(For when David had served God's purpose in his own generation, he fell asleep;) '하나님의 뜻'을 '하나님의 목적'이라고 번역하고 있습니다. 믿음의 선배 다윗의 삶은 하나님의 목적을 가지고 사는 인생이었습니다. 하나님께서 세워 주신 목적이 바로 우리의 비전입니다. 우리의 생활양식(Lifestyle)의 첫 번째 원리는 하나님의 목적을 가지고 살아가는 것입니다.

2. 문화를 변혁시키십시오(Influencing our culture).

"너희는 이 세대를 본받지 말고 오직 마음을 새롭게 함으로 변화를 받아 하나님의 선하시고 기뻐하시고 온전하신 뜻이 무엇인지 분별하도록 하라"(롬 12:2).

'이 세대를 본받지 말고'에 밑줄 치십시오. 이 말의 뜻은, 이 세대를 멀리 떠나 이 세대와 절연하고 살라는 말이 아닙니다. 이 세대의 문화에 물들지 말라는 것입니다. 오히려 이 세대의 문화를 변화시켜 나가야 합니다. 그러므로 생활양식(Lifestyle)의 두 번째 원리는 우리 세대의 문화를 변화시키는 것입니다.

"성읍은 정직한 자의 축복으로 인하여 진흥하고 악한 자의 입으로 말미암아 무너지느니라"(잠 11:11).

'성읍은'에 밑줄 치십시오. 그 성읍이라는 단어에 우리 교회가 속한 지역의 이름을 대입해 봅시다. "○○시는 정직한 자의 축복으로 인해 진흥"한다고 써 보십시오. 나의 생활양식(Lifestyle)의 변화를 통해 우리 세대의 문화를 변혁해 갈 때 우리의 도시가 달라질 것입니다. 말 그대로 '성시화 운동'이 되는 것입니다.

"그들은 네게로 돌아오려니와 너는 그들에게로 돌아가지 말지니라"(렘 15:19 하).

'돌아오려니와'에 밑줄 치십시오. 본문은 우리에게로 세상이 돌아오게 하는 능력을 그리스도인이 가지고 있느냐 하는 문제를 말하고 있습니다. '너는 많은 세상 사람들이 너희에게 돌아오게 하고', 다시 말해서 우리는 '세상 문화를 변화시키는 영향력을 가진' 그리스도인으로 살아야 합니다.

3. 불신자들과의 접촉점을 만드십시오(Finding common ground-with those who don't believe yet).

"우리가 이 직분이 비방을 받지 않게 하려고 무엇에든지 아무에게도 거리끼지 않게 하고"(고후 6:3).

"약한 자들에게 내가 약한 자와 같이 된 것은 약한 자들을 얻고자 함이요 내가 여러 사람에게 여러 모습이 된 것은 아무쪼록 몇 사람이라도 구원하고자 함이니"(고전 9:22).

'내가 여러 사람에게 여러 모습이 된 것'에 밑줄 치십시오. 공통 영역에 관한 말입니다. 비신자들을 주님 앞으로 이끌 수 있는 그런 공통 영역을 가진 생활양식(Lifestyle)을 가져야 합니다. 성도들의 삶은 대부분 성도들만의 게토(ghetto)를 만들고 살고 있습니다. 그래서 불신자들과의 접촉점이 약해지는 것입니다. 바울 사도의 삶의 양식은 믿지 않는 사람들과 공통 영역을 만들어 가는 생활양식(Lifestyle)이었습니다.

"너희 마음에 그리스도를 주로 삼아 거룩하게 하고 너희 속에 있는 소망에 관한 이유를 묻는 자에게는 대답할 것을 항상 준비하되 온유와 두려움으로 하고"(벧전 3:15).

'대답할 것을 항상 준비'에 밑줄 치십시오. 이 말씀은 우리가 모두 신학자가 되어야 한다는 의미가 아닙니다. 이것은 항상 불신자를 마음에 두고 산다는 것을 의미합니다. 하나님께서 우리에게 주신 모든 이웃들과 가족들에게 복음을 나누는 것이 모든 그리스도인들의 책임입니다. 성경 전체를 알아야 전도할 수 있다고 생각하십니까? 전도폭발 훈련을 받지 않고서는 전도할 수 없다고 생각하십니까? 아닙니다. 그렇지 않습니다. 그저 이웃에게 이렇게 말하십시오. "하나님은 저를 위해 이러이러한 일을 행하셨습니다. 저는 이 일을 이해조차 하지 못합니다. 그러나 분명한 사실은 예수 그리스도 때문에 나의 삶이 변화되었다는 것입니다." 이것이 그리스도인의 생활양식(Lifestyle)입니다.

4. 믿음으로 기대하십시오(Expecting in faith).

"믿음이 없이는 하나님을 기쁘시게 하지 못하나니…"(히 11:6).

'기쁘시게'에 밑줄 치십시오. 우리가 믿음을 가지고 기대하면서 나아가는 것은 하나님의 마음을 미소로 가득하게 만드는 것입니다. 믿음으로 나아가 하나님을 기쁘시게 하는 것이 그리스도인의 생활양식(Lifestyle)이 되어야 합니다.

"너희 믿음대로 되라"(마 9:29).

'되라'에 밑줄 치십시오. 하나님께서는 믿음을 가지고 기대하며 나가는 사람에게 은혜를 베푸십니다. 그리스도인은 믿음으로 가득 차 있는 것이 중요합니다. 중요한 것은 여러분이 발걸음을 내딛고 있는 방향이며, 여러분이 지금 향하고 있는 곳입니다.

여러분이 모든 것을 명확하게 이해하지 못한다고 해도 문제가 되지 않

습니다. 소화의 화학작용을 이해하지 못해도 저는 그것 때문에 스테이크 먹는 것을 그만두지 않았습니다. 저는 자동차 내부에서 연료가 어떻게 연소되는지 이해하지 못합니다. 그렇다고 해서 운전을 그만두지 않습니다. 삶에는 제가 어떻게 작용하는지 알지 못하지만 유익을 얻는 아주 많은 일들이 있습니다. 휴대전화처럼 말입니다. 인터넷처럼 말입니다. 제가 많은 것들을 즐기고 있지만 그 모든 것들이 어떻게 작동하는지 정확히 알 필요는 없습니다. 믿음이 중요합니다. 믿음을 가지고 기대할 때 하나님의 말씀이 우리의 삶에 적용될 수 있습니다.

5. 소그룹 교제를 나누십시오(Small group fellowship).

"날마다 마음을 같이하여 성전에 모이기를 힘쓰고 집에서 떡을 떼며 기쁨과 순전한 마음으로 음식을 먹고"(행 2:46).

'집에서'에 밑줄 치십시오. 예루살렘 교회는 성전에 모이기를 힘쓸 뿐만 아니라 집에서도 모임을 가졌습니다. 대그룹과 소그룹은 '함께' 가야 합니다. 소그룹에서는 여러분의 이름을 알고 여러분의 필요를 압니다. 여러분의 꿈과 비전을 알고 여러분의 상처를 압니다. 소그룹에서 함께하는 친구들은 여러분의 상처를 치유하며 필요를 채워 주고 꿈을 이룰 수 있도록 돕습니다. 아파서 병원에 누워 있을 때 찾아와 위로하며 식사를 가져다 줍니다. 소그룹을 통해서 우리는 서로서로 돕습니다. 위기에 처했을 때 자신을 돌봐줄 영적인 가족이 없는 사람들이 불쌍합니다.

"모이기를 폐하는 어떤 사람들의 습관과 같이 하지 말고 오직 권하여 그날이 가까움을 볼수록 더욱 그리하자"(히 10:25).

'더욱 그리하자'에 밑줄 치십시오. 모이기를 폐하는 사람들의 요구에 끌려다니지 말고, 할 수 있는 대로 대그룹과 소그룹으로 모여 사랑과 선행을 서로 격려하라는 말씀입니다. 지금 우리 교회는 ○○개의 소그룹이 영적인 가족으로 모이고 있습니다. 이 소그룹에 모이는 것이 여러분의 생활양식(Lifestyle)이 되기를 바랍니다.

> **인도자를 위한 팁**
>
> 가능하다면 교회의 소그룹에 속하는 것이 왜 중요한지 설명하라. 다음과 같이 설명할 수 있을 것이다.
>
> "우리는 혼자 힘으로 영적으로 성장할 수 없습니다. 우리는 모두 서로의 성장을 돕기 위해 다른 사람이 필요합니다. 우리 교회에서는 소그룹을 중심으로 신약에서 말하는 목적에 맞는 교회를 세워 가고 있으며, 성도들에게 서로의 영적 성장을 돕도록 합니다. 소그룹에서 성도들은 성경에 나온 서로를 향한 명령들을 실천하게 됩니다. 이것은 교회의 영적 성장 계획의 중심부를 이룹니다. 이들 소그룹이 성경적인 목적에 초점을 맞출 때, 성도들은 보다 풍성하게 예배드리고, 의미 있는 관계를 형성하고, 그리스도의 인격을 닮아가고, 사역을 위한 각자의 형상을 발견하고, 잃어버린 영혼에게 복음을 전하게 됩니다."

6. 십일조를 드리십시오(Tithing).

"그 땅의 십분의 일 곧 그 땅의 곡식이나 나무의 열매는 그 십분의 일은 <u>여호와의 것</u>이니 여호와의 성물이라"(레 27:30).

'여호와의 것'에 밑줄 치십시오. 이 땅의 모든 것은 하나님께 속해 있습니다. 우리 교회는 방문한 사람들에게 부담을 주기 않기를 원합니다. 그렇지만 성경이 말하는 것을 바로 가르치려고 노력합니다. 예수님을 믿으라고 소개할 때도 우리는 부담을 가지지 않습니다. 왜냐하면 성경이 말하는 것이기 때문입니다. 마찬가지로 성경에서 십일조가 나와 있기 때문에 부담 없이 십일조에 대해서 가르치고 있습니다. 십일조는 우리에게 주신 물질이 모두 하나님의 것임을 선포하는 행동입니다. 십일조를 통해서 내가 가진 물질의 주인이 내가 아니라 하나님의 것임을 선포하며, 그 물질로 하나님을 영화롭게 하는 삶을 살기로 선포하는 것입니다. 이것이 그리스도인의 생활양식(Lifestyle)입니다.

"네 하나님 여호와 앞 곧 여호와께서 그의 이름을 두시려고 택하신 곳에서 네 곡식과 포도주와 기름의 <u>십일조</u>를 먹으며 또 네 소와 양의 처음 난 것을 먹고 <u>네 하나님 여호와 경외하기</u>를 항상 배울 것이니라" (신 14:23).

'십일조'와 '네 하나님 여호와 경외하기'에 밑줄 치십시오. 이스라엘 백성에게는 두 가지 유형의 십일조가 있었습니다. 하나는 각 가정마다 소산물의 십분의 일을 이스라엘의 예배를 전담하는 레위 지파를 후원하기 위한 것이었습니다. 또 하나는 하나님께서 택하신 예배처소까지 가기 위한 경비로 쓰기 위해 모아 두었습니다. 유월절, 오순절, 초막절과 같은 절기 때 예배드리는 데 필요한 경비를 지불할 수 없어서 못 오는 사람이 없도록 하신 배려였습니다. 이렇게 함께 예배드리는 것은 하나님을 경외하는 성도의 생활양식(Lifestyle)입니다.

"만군의 여호와가 이르노라 너희의 <u>온전한 십일조</u>를 창고에 들여 나의 집에 양식이 있게 하고 그것으로 나를 시험하여 내가 하늘 문을 열고 너희에게 복을 쌓을 곳이 없도록 붓지 아니하나 보라"(말 3:10).

'온전한 십일조'에 밑줄 치십시오. 십일조라는 단어는 10퍼센트를 의미합니다. 우리 교회의 재정은 이 십일조로 운영됩니다. 제가 어디 가서 빙고 게임을 하거나 장로님들이 복권을 사서 교회를 운영하는 것이 아닙니다. 성도들이 자신의 수입의 10퍼센트를 드림으로 교회가 유지됩니다. 여러분의 십일조를 체크하는 사람은 아무도 없습니다. 집에 찾아와 "세 달치가 밀리셨습니다. 지금 내셔야겠는데요"라고 말할 사람은 아무도 없습니다. 십일조는 여러분 자신과 하나님 둘 사이의 문제입니다. 우리는 성경의 가르침을 입으로 전할 뿐, 그 이후에는 여러분과 하나님 사이의 문제가 됩니다. 저희 교회에서는 헌금과 교회의 일을 지원하는 일을 등록교인의 의무로 정했습니다.

> 새들백 이야기 :
> 새들백 교회에서는 새신자들에게 사역의 기회들을 신속하게 제공한다. 물론 이들 사역들은 영적 훈련이나 멤버십 훈련 과정이 없이도 가능한 사역들이다. 예를 들어, 교통봉사나 안내, 베이비 케어, 단순 사무 업무 등이다.

7. <u>해마다</u> 영적 점검을 하십시오(Yearly spiritual check-ups).

성경은 스스로의 영적인 건강을 시험해 보고 검사해 볼 것을 최소 다섯 번 이상 언급하고 있습니다(애 3:40; 고전 11:28, 31, 13:5; 갈 6:4). 성경은 다음과 같이 말합니다.

> "너희는 믿음 안에 있는가 너희 자신을 시험하고 너희 자신을 <u>확증하라</u>"(고후 13:5).

'확증'에 밑줄 치십시오. 점검하라는 말입니다. 우리는 건강을 유지하기 위해서 병원에 가서 의사에게 정기 검진을 받습니다. 의사는 혈압, 체온, 몸무게와 같은 중요한 사항들을 평가합니다. 마찬가지로 우리의 영적인 건강을 위해서는 정기적으로 다섯 가지의 중요한 징후들, 즉, 예배, 교제, 인격의 성장, 사역 그리고 선교에 대해 검사해야 합니다. 우리 삶에서 다섯 가지 목적들이 균형을 이루는 가장 좋은 방법은 정기적으로 스스로를 평가하는 것입니다. 이것이 그리스도인의 생활양식(Lifestyle)입니다.

8. <u>서로</u>를 향해 웃으십시오(Laughing at ourselves).

> "그때에 우리 입에는 <u>웃음이 가득하고</u> 우리 혀에는 찬양이 찼었도다"(시 126:2 상).

'웃음이 가득하고'에 밑줄 치십시오. 그리스도인의 생활양식(Lifestyle)에서 중요한 것 중 하나는 바로 미소입니다.

"마음의 즐거움은 양약이라도 심령의 근심은 뼈를 마르게 하느니라"
(잠 17:22).

'마음의 즐거움'에 밑줄 치십시오. 우리 마음에 기쁨과 즐거움이 항상 있어서 언제나 미소와 기쁨이 넘쳐야 합니다. 건강하고 매력적인 교회의 특징은 성도들의 모습이 밝다는 것입니다. 예배를 드릴 때도 하나님의 존전 앞에 기쁨으로 나아갈 수 있도록 돕는 것이 필요합니다.

> 새들백 이야기 :
> 새들백 교회에서는 처음 방문한 사람들에게 "나의 첫인상" 우편엽서를 동봉한다. 그 카드에는 세 가지 질문만 있다. "가장 먼저 느끼신 것이 무엇입니까?", "어떤 점이 가장 좋으셨습니까?", "어떤 점이 가장 마음에 들지 않으셨습니까?"
> 　첫 번째 질문에 대한 대답의 90% 정도가 대략 이렇다. "사람들이 따뜻하고 친절하다는 것을 느꼈다". 이러한 반응은 우연한 것이 아니다. 방문객들에게 사랑을 표현하려는 새들백 교회의 의도적인 전략의 결과인 것이다.
>
> 　　　　　　　　　　『새들백 교회 이야기』 pp. 239~240

9. 사역하는 지체로 헌신하십시오(Every member is a minister).

"우리가 한 몸에 많은 지체를 가졌으나 모든 지체가 같은 기능을 가진 것이 아니니 이와 같이 우리 많은 사람이 그리스도 안에서 한 몸이 되어 서로 지체가 되었느니라"(롬 12:4-5).

'서로 지체'에 밑줄 치십시오. 이 말의 뜻은 우리가 서로 한 몸을 이루고 서로 함께 연결되어 있다는 것입니다.
이렇게 아홉 가지 원리가 그리스도인의 삶에 양식이 되어야 합니다.

> 인도자를 위한 팁
>
> 우리의 성품이 습관의 종합체라는 사실을 기억해야 한다. 그리스도의 성품을 닮는 습관을 키우는 방법은 단 한 가지밖에 없다. 계속 연습하는 것이다. 그리고 그것은 시간이 걸린다. 즉각적인 습관이란 것은 없다. 반복은 성품과 기술의 어머니이다. 이것을 참가자들에게 강조하라.
>
> 201과정은 영적 성숙을 위한 세 가지 습관을 참가자들이 어떻게 실천 할 수 있을지에 대해서 집중적으로 다룬다.

제 3 장
우리 교회의 전략

제 3장은 목적이 이끄는 교회의 전략을 간략하게 소개하는 부분이다. 목적이 이끄는 사역이 성경적인 목회 철학이라는 것에 동의한다면, 이 장에서 소개하는 전략에 동의할 수 있을 것이다. 이것을 당신 교회의 전략으로 삼도록 하라.

목적이 이끄는 교회는 균형을 유지하기 위한 두 개의 간단한 개념을 중심으로 조직되어 있다. 두 개의 간단한 개념이란 44페이지에 나와 있는 〈헌신의 동심원〉과 교재 마지막 페이지에 나와 있는 〈평생 개발 과정〉(야구장의 내야 사각형)이라고 부르는 것을 말한다. 이 두 개념은 제 2장에서 설명한 교회의 다섯 가지 목적을 어떻게 적용하는가를 상징적으로 보여 주는 것이다. '평생 개발 과정'은 목적이 이끄는 교회에서 '우리가 무엇을 하는가'를 보여 주고, '헌신의 동심원'은 '누구와 그것을 함께하는가'를 설명해 준다.

> 참고 『새들백 교회 이야기』
> 7장. 당신의 목적을 중심으로 조직하기
> 8장. 당신의 목적을 적용하기

"약한 자들에게 내가 약한 자와 같이 된 것은 약한 자들을 얻고자 함이요 내가 여러 사람에게 여러 모습이 된 것은 아무쪼록 몇 사람이라도 구원하고자 함이니 내가 복음을 위하여 모든 것을 행함은 복음에 참여하고자 함이라" (고전 9:22-23).

I. 우리가 전도 대상으로 삼는 사람들
– 전도 대상의 특징에 맞추는 맞춤 전도 –

"약한 자들에게 내가 약한 자와 같이 된 것은 약한 자들을 얻고자 함이요 내가 여러 사람에게 여러 모습이 된 것은 아무쪼록 몇 사람이라도 구원하고자 함이니"(고전 9:22).

'여러 사람에게 여러 모습이 된 것'에 밑줄 치십시오. 고린도전서 9장에서 바울은 이렇게 말하고 있습니다. 고린도전서 9:22을 요약하면 이렇습니다. '내가 다른 사람들과 함께 있을 때 그들을 구원하기 위해서 다른 사람들처럼 되려고 노력합니다.' 만약 바울 사도가 선교사로서 언어가 통하지 않는 곳에 가게 되었다면, "당신들이 내 말을 배우면 내가 그리스도에 대해서 소개해 주겠습니다"라고 말하지 않았을 것입니다. 바울은 "내가 한국 사람들을 전도하기 위해서 한국으로 간다면, 한국어를 배우고 한국 사람처럼 살 것입니다"라고 말했을 것입니다.

> "사람들은 서로 다르기 때문에 어느 교회도 모든 사람을 전도할 수는 없다. 그렇기 때문에 우리는 많은 종류의 교회가 필요하다."
> 『새들백 교회 이야기』 p. 178

1. 구체적인 사례
새들백 교회가 전도 대상으로 삼는 사람 "새들백 샘"
(새들백 교회가 위치한 지역에서 집중적인 전도의 대상으로 선택된 사람의 전형적인 모습)

새들백 이야기 :
새들백 교회 릭 워렌 목사는 수천 명의 사람들을 인터뷰하면서 새들백 교회가 다가갈 전도 대상자의 특징을 정리했다. 이 통계 자료는 오렌지카운티 통계청 제공 자료와 릭 워렌 목사가 발 벗고 뛰어서 얻은 자료다. 새들백 교회는 전도 대상자를 '새들백 샘'이라고 부른다. 새들백 샘에 대해서는 42페이지에 설명되어 있다. 자세한 것은 『새들백 교회 이야기』 9장을 참고하라.

새들백 교회가 그렇게 수고를 하며 전도하고자 하는 전형적인 사람을 규정하려는 이유는, 우리가 어떤 사람에 대해 더 잘 알수록 그 사람과 의사소통을 하기가 쉬워지기 때문이다. 아래 새들백 샘에 대한 설명에서 당신의 교회가 속한 지역의 주민들과의 공통점과 차이점을 파악해 보기 바란다. 이를 위해서 당신의 교회가 속한 지역을 파악할 필요가 있다.

새들백 샘의 특징

교육수준이 높다.

자신의 직업을 좋아한다.

자신이 살고 있는 지역을 좋아한다.

건강과 몸 관리를 높은 우선순위에 둔다.

작은 모임보다는 큰 모임에 소속되기 원한다.

"조직화 된" 종교에 대해 거부감을 가진다.

현대적 대중음악을 좋아한다.

5년 전보다 지금 더 삶을 즐기고 있다고 여긴다.

자신이 사는 환경에 대해 자기만족이 매우 강하다.

정장보다 캐주얼 스타일의 옷을 더 좋아한다.

감당하기 어려울 정도로 소비가 큰 편이며 매우 바쁘게 지낸다.

> **인도자를 위한 팁**
>
> 새들백 샘을 통해서 살펴본 몇 가지 사실들이 당신의 교회가 속한 지역의 주민들을 파악하는 데 도움이 되기를 바란다. 인도자는 미리 자신의 교회가 속한 지역의 상황을 정리한 데이터를 가지고 있어야 한다.

2. 우리 교회의 집중적인 전도 대상 :
" _____ "
(우리 교회가 위치한 지역에서 집중적인 전도 대상으로 선택된 사람의 전형적인 모습)

그가 가진 특징

- _____
- _____
- _____
- _____
- _____
- _____
- _____
- _____
- _____
- _____

참가자용 교재 44페이지에 헌신의 동심원이 나옵니다. 우리 교회는 실제적으로 다섯 가지 형태의 목표를 갖고 있습니다. 이 다섯 가지 사역의 대상 그룹들을 설명하고 그들이 누구인지 설명하겠습니다.

II. 헌신의 동심원

성경은 다음과 같이 가르칩니다.
- 사람들은 헌신과 영적 성숙 면에서 서로 다른 단계에 위치하고 있습니다.
- 우리는 <u>헌신</u>할 때 자랄 수 있습니다.

"목적이 이끄는 전략"이란 101-401과정과 각 과정을 마무리하며 함께하는 서약을 통해 개인적으로 영적 성숙을 이루도록 격려하여 사람들을 교회 주변 바깥에서부터 <u>중심</u>으로 이동시키는 것입니다.

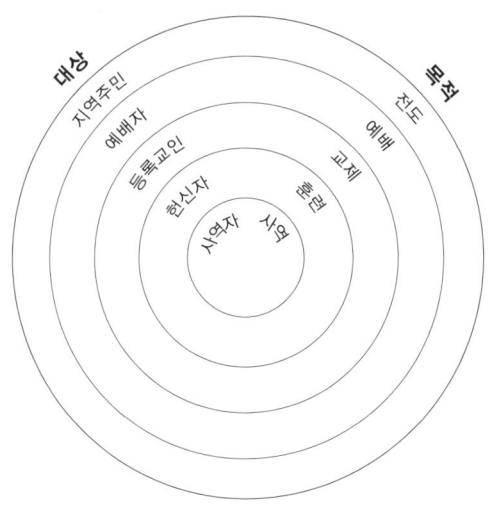

헌신의 정도들

명칭	설명	현재의 숫자
"지역주민"	이따금씩 참석하는 사람들	_____

바깥원은 '지역주민'을 말합니다. '지역주민'은 우리가 전도하기를 원하는 거리 내에 있는 사람들입니다. 우리는 그들이 예수님을 알기를 원합니다. 우리는 계속해서 그들에게 다가서기를 원합니다. 교회에서 운전해서 갈 수 있는 가까운 거리에 믿지 않는 사람이 한 사람이라도 있는 한 우리 교

회는 계속해서 성장해야 할 충분한 이유가 있습니다. 우리의 이익을 위해 성장하려는 것이 아닙니다. 사실은 교회가 클수록 목회자가 책임져야 할 문제들이 많아집니다. 더 많이 머리가 아프고, 더 많은 결혼식과 더 많은 장례식, 더 많은 병원 심방, 그리고 더 많은 스트레스를 받게 됩니다. 하지만 우리 교회가 성장해야 할 이유는 하나님께서 모든 사람이 그리스도를 아는 데 이르기를 바라신다고 말씀하시기 때문입니다. 사람들한테 예수님이 필요하기 때문에 우리는 계속 성장해야 합니다.

명칭	설명	현재의 숫자
"예배자"	예배에 정기적으로 참석하는 사람들	_____

다음 그룹은 '예배에 정기적으로 참석하는 사람들'입니다. 이들을 '예배자'라고 부릅니다. 이 사람들은 주일 아침에 나타나는 그룹입니다. 우리는 이들을 '회중'이라고 부릅니다. 지금 저희 교회의 회중은 ○○명에서 ○○명 사이입니다.

명칭	설명	현재의 숫자
"등록교인"	지체 됨에 헌신한 사람들	_____

다음 그룹은 조금 더 큰 모임입니다. 그것은 교회의 '실제적인 등록교인들'입니다. 그들은 101과정을 수료한 사람들입니다. 그들은 등록교인으로 헌신했습니다. 당신이 등록교인으로 등록하고 '헌신'하기까지는 이 교회의 정식 일원이 아닙니다. 등록교인은 교인으로 등록한 예배 참석자보다는 큰 규모의 동심원입니다. 그리고 현재 우리 교회에는 성인 등록교인들이 약 ○○명이 있습니다. 그들은 단지 예배에 출석만 하는 회중, 그 이상입니다. 그들은 교회의 실제적 구성원들입니다.

명칭	설명	현재의 숫자
"헌신자"	영적 성숙에 헌신한 사람들	_____

다음 그룹은 조금 더 큰 그룹입니다. 우리는 그 그룹을 '헌신자'라고 부릅니다. 이 사람들은 201과정을 수료한 사람들입니다. 그들은 영적 성숙에 헌신한 사람들입니다. 그들은 건강한 신자들이지만 이런저런 이유로 아직 사역에는 능동적으로 참여하고 있지는 않습니다. 201과정에서 우리는 영적 성장을 위해 당신에게 필요한 3가지 필수적인 습관을 가르치게 됩니다. 만약 여러분이 사막이나 외딴섬에 남아 있다고 가정하더라도 201과정에서 배운 내용을 알고 있다면 계속해서 성장할 것입니다. 우리는 지금 ○○명의 헌신자 모임을 가지고 있고 그들은 101과정과 201과정을 통과한 사람들입니다.

명칭	설명	현재의 숫자
"사역자"	사역과 사명을 위해 일하는 사람들	_____

중앙에 있는 동심원에 '사역자'(핵심 멤버)라고 되어 있습니다. 우리 교회의 핵심부는 교회 내의 여러 다른 형태를 가진 사역에 참여하고 있는 사람들입니다. 그들은 지도자들이고, 사역자이며 일꾼, 봉사자들입니다. 그들은 주일학교 선생님들, 예배안내자, 성가대원, 젊은이 사역, 독신자들을 위한 사역, 군부대 사역, 장례 사역, 컴퓨터 사역, 구제 사역, 전화상담 사역 등에서 섬기고 있는 분들입니다. 저희 교회는 핵심 멤버들이 움직이는, ○○개의 다양한 사역들이 있습니다. 이러한 사역에 참여해 섬기고 있는 사람들을 가리켜 '사역자'(핵심 멤버)라고 부릅니다.

당신이 핵심 멤버에 속하는 방법은 101과정, 201과정, 301과정의 세 과정을 수료하는 것입니다. 301과정이 끝날 때 우리는 여러분과 만나서 대화를 나누게 됩니다. 우리는 사역을 위해 당신의 모습(SHAPE)을 발견하도록 도와줍니다. 당신의 모습(SHAPE)에 따라 사역을 소개해 드리고 연결해 드릴 것입니다. 이렇게 해서 여러분은 사역자가 됩니다.

> **인도자를 위한 팁**
>
> 새들백 교회에서는 101에서 301과정을 수료한 사람들에게 상담을 통해 적합한 사역을 하도록 하고, 어떠한 사역을 감당하는 사람들은 S.A.L.T.모임에 참석할 수 있게 된다. 인도자는 자신의 교회의 핵심 멤버 모임에 들어올 수 있는 일정한 기준을 가지고 있어야 한다.
>
> 새들백에서는 한 달에 한 번, 주일 밤에 릭 워렌 목사와 교회의 핵심 멤버들이 만나는데, 그 모임을 S.A.L.T.(Saddleback Advanced Leadership Training)라고 부른다. 릭 워렌 목사는 이렇게 말한다. "내가 만약 주일날 아프다면 이들에게 말씀을 전하기 위해서 만 명 혹은 만 이천 명의 사람들에게 설교하는 것을 포기할 것입니다." S.A.L.T.는 핵심 멤버들을 만나기 위한 모임이다. 이들이 실제로 새들백 교회를 움직이는 사람들이다.

여러분을 위한 우리의 목표는 당신이 바로 그 핵심에 들어오는 것입니다. 지금은 핵심부에 약 ○○명의 사람들이 있습니다. 밑의 빈칸에 ○○명이라고 기록하십시오. 이 사람들은 101과정, 201과정, 301과정을 통과한 사람들입니다. 그리고 그들은 교회의 여러 방면에서 봉사하고 있습니다. 그들의 재능과 은사를 사용하면서 말입니다. 이것이 우리 교회의 핵심부입니다. 301과정은 여러분이 핵심 구성원 속에 들어가도록 도울 것입니다.

> **인도자를 위한 팁**
>
> 새들백 교회에서는 등록교인이 되기 위해서는 새교우반(101과정)을 마치는 것을 의무화한다. 등록교인이 되면서부터 작은 단계의 헌신을 요구한다. 그 이유는 이러하다. 여러분이 섬기고 있는 교회의 목적과 전략, 소속의 의미가 무엇인지 관심이 없는 사람들은 교인이 된다는 것이 어떤 헌신을 요구하는지도 모르고 있을 것이다. 만일 교인이 된다는 것이 어떤 책임을 동반하는지 알기조차 원치 않는다면, 그들이 비록 교인이 된다 하더라도 교인으로서 그러한 책임을 감당하지 않을 것이다. 따라서 이런 사람들에게 교인이 되

도록 허락해서는 안 된다는 것이다.

45페이지 〈III. 성장을 위한 우리 교회의 서약〉에서 다루는 것은 새들백 교회에서 헌신의 동심원의 각 단계에 해당하는 101과정부터 401과정까지 각 과정을 수료하고 다음 단계로 나아갈 때 받고 있는 서약을 설명하는 것이다. 101과정을 마치면 '등록교인 서약'을 하게 된다. 전체 과정을 오리엔테이션하는 시간이 될 것이다.

III. 성장을 위한 우리 교회의 서약

우리 교회의 목표는 영적 헌신을 격려해서 사람들이 동심원의 중앙으로 움직이게 하는 것입니다. 예를 들면, 우리 교회의 목표는 '지역주민'을 '예배자'로, '예배자'를 '등록교인'으로 만드는 것입니다. 그다음에 '등록교인'이 '헌신자'로 옮겨가기를 원합니다. 우리는 '헌신자'가 '사역자'가 되기를 원합니다. 그러면 어떻게 등록교인이 될 수 있습니까? 101과정에 등록하면 됩니다.

1. 등록교인 서약

등록교인 서약은 또 다른 말로 '지체로서의 서약'이라 할 수 있습니다. 대부분의 교회들은 한 공간에서 예배를 드리면 모두가 다 성도라고 생각하는데, 이것은 바람직하지 않은 생각입니다. 그들은 '예배자' 혹은 '군중'으로 남아 있는 분들이 대부분입니다. 그러한 사람들이 서약을 하고 '등록교인'이 되기를 원하는 것입니다.

등록교인이 된다는 것은 두 가지에 헌신한다는 의미입니다.

이것은 그리스도와 우리 교회 가족에 대한 헌신입니다.

"그러므로 이제부터 너희는 외인도 아니요 나그네도 아니요 오직 성도들과 동일한 시민이요 하나님의 권속이라"(엡 2:19).

"우리가 한 몸에 많은 지체를 가졌으나 모든 지체가 같은 기능을 가진 것이 아니니 이와 같이 우리 많은 사람이 그리스도 안에서 한 몸이 되어 서로 지체가 되었느니라"(롬 12:4-5).

'서로'에 밑줄 치십시오. '서로'라는 말은 신약에서 50번 이상 사용되고 있습니다. 성경은 우리에게 서로를 사랑하고, 서로를 섬기고, 서로를 가르치며, 서로를 용납하고, 서로를 높이며, 서로에게 순복하며, 서로에게 헌신하라고 명령합니다. 이 모든 계명들은 교회의 일원이 되지 않으면 지킬 수가 없습니다. 다른 말로 하면 이러한 명령이 교인들이 져야 할 책임입니다. 우리 교회는 성경이 모든 믿는 자에 대해서 분명하게 기대하고 있는 것을 교인들로부터 기대합니다. 이러한 우리의 기대를 '등록교인 서약'에서 설명하고 있습니다.

> 참가자용 교재 pp.60-63에 '등록교인 서약'이 있다.

2. 성숙 서약

이것은 영적 성장에 필요한 습관에 대한 헌신입니다.

"오직 우리 주 곧 구주 예수 그리스도의 은혜와 그를 아는 지식에서 자라 가라"(벧후 3:18).

'자라 가라'에 밑줄 치십시오. 그렇게 되기 위해서 우리는 좋은 습관들을 키워야 합니다.

"경건에 이르도록 네 자신을 연단하라"(딤전 4:7).

'연단하라'는 말은 '훈련하라'는 뜻입니다. '네 자신을 훈련하라'는 말은 계속해서 영적으로 성숙한 삶을 살아야 한다는 뜻입니다. 우리는 '등록교인들이 신앙의 가장 기초가 되는 습관들을 잘 형성해서 '헌신자'로 성장하

기를 바랍니다.

어떻게 헌신자들의 동심원 안에 들어갈 수 있습니까? 201과정에 등록하면 됩니다.

> **인도자를 위한 팁**
>
> 성숙 서약(Maturity Covenant)은 201과정에 설명되어 있다. 성숙 서약은 영적 성장을 위해 필요한 습관들에 헌신하는 것이다. 201과정에서 자세하게 그 습관에 대해서 설명할 것이다.

3. 사역 서약

201과정에서 '성숙 서약'을 한 다음, 301과정에서는 하나님께서 나에게 주신 재능과 능력을 발견하고 사용해서 하나님과 다른 사람들을 위해 봉사하기를 서약하는 '사역 서약'(Ministry Covenant)을 배울 것입니다. 어느 날 당신이 하나님 앞에 서게 될 때 하나님은 당신에게 이렇게 질문할 것입니다. "너의 사역이 무엇이냐?" 우리는 당신이 이 질문에 대답을 주저하기를 원치 않습니다. 왜냐하면 모든 그리스도인들은 자신만의 사역을 가지고 있기 때문입니다.

　이것은 하나님과 다른 사람들을 섬기기 위해 하나님께서 내게 주신 은사와 재능을 발견하여 사용하는 것에 대한 헌신입니다.

　"각각 은사를 받은 대로 하나님의 여러 가지 은혜를 맡은 선한 청지기 같이 서로 봉사하라"(벧전 4:10).

우리는 모두 각각 은혜로 은사를 받았습니다. 이 은사는 내 것이 아닙니다. 하나님께서 몸 된 교회를 위해서 우리에게 맡겨주신 것입니다. 그러므로 우리는 모두 맡겨진 일을 잘 감당해야 하는 청지기입니다. 청지기로서 살아가는 우리가 봉사할 때 우리에게 맡겨진 것이 무엇인지 잘 알고 그 은사대로 봉사해야 합니다. 우리 교회는 301과정에 나와 있는 나의 형상(S.H.A.P.E.)을 통해서 은사를 발견하고, 은사에 따라 봉사하며 섬기는 삶에 대해서 소개하고 있습니다.

"<u>직분</u>은 여러 가지나…"(고전 12:5).

'직분'에 밑줄 치십시오. 여기서 말하는 직분은 포지션이 아닙니다. 이것은 '사역'이란 뜻입니다. 우리는 성도 한 사람 한 사람이 받은 은사에 따라 멋지게 쓰임 받을 수 있는 사역을 발견하도록 돕기를 원합니다. 이것을 도와주는 과정이 301과정입니다.

4. 인생 사명 서약

이것은 다른 사람들에게 기쁜 소식을 전하는 것에 대한 헌신입니다.

"…땅 끝까지 이르러 내 증인이 되리라"(행 1:8).

'인생 사명 서약'은 401과정에서 하게 될 서약입니다. 401과정의 한 가지 목표는 '하나님께서 현재 세상에서 펼치고 계시는 일에 비추어' 당신만의 독특한 개인적 인생 사명을 이해할 수 있도록 돕는 것입니다.

"너희 속에 있는 소망에 관한 이유를 묻는 자에게는 <u>대답할 것을 항상 준비</u>하되 온유와 두려움으로 하고"(벧전 3:15).

'대답할 것을 항상 준비'에 밑줄 치십시오. 우리 그리스도인들은 소망의 이유를 물어보는 모든 사람들에게 대답할 준비가 되어 있어야 합니다. '인생 사명 서약'을 가지고 살아야 한다는 얘기입니다.

당신이 인생 사명을 분명하게 이해하는 실제적 방법은 글로 써 보는 것입니다. 개인적인 사명을 글로 쓸 때에 종종 모호했던 생각이 분명해지고 인생의 방향과 목적을 주며 삶을 변화시켜 주는 강력한 힘을 갖게 됩니다. 개인적인 '인생 사명서'(Life Mission Statement)를 작성하지 않는 분이

많습니다. 그런데, 개인적인 '인생 사명서'를 작성하게 되면 이 인생 사명서가 미래를 향한 영적 성숙의 안내자 역할을 하게 됩니다. 여러분이 팔십 살이 되었을 때 되고 싶은 사람이 될 수 있도록, 지금 구체적인 계획을 세우지 않는다면 그 꿈은 이뤄지지 않을 것입니다. 분명하게 이해된 사명이 없다면 사람들은 대부분 환경에 반응하는 삶을 살게 되고 환경을 주도하며 살지 못하게 됩니다.

우리는 각각의 단계마다 서약을 하게 합니다. 이 서약은 예수님에 대한 헌신이며 우리 교회 가족을 위한 헌신입니다.

왜 이런 서약이 필요할까요?

우리가 이런 헌신을 해야 하는 이유가 무엇입니까? 46페이지 마지막에 여러분에게 해 줄 수 있는 가장 중요한 말이 하나 있습니다.

우리는 우리가 <u>헌신</u>하는 대로 되기 때문입니다!

우리는 바로 우리가 헌신한 대로 됩니다. 많은 사람들이 12가지 이상의 일들에 절반쯤씩 헌신하고 있습니다. 만약 당신이 자신의 삶에 충격을 주기 원하고, 인생이 가치 있기를 원하고, 당신의 삶이 특별하길 원한다면, 당신은 적어도 12가지 이상의 일들에 어정쩡하게 헌신하기보다는 몇 가지 일에 전적으로 헌신하는 법을 배워야만 합니다. 저는 목사로서 당신이 헌신해야 할 부분을 발견해 내고 바르게 헌신하도록 도와줄 것입니다.

제 4 장

우리의 참여

I. 하나님께서 바라시는 교회의 구조
교회가 자칫 잘못된 방향으로 나가기 쉽다. 그래서 우리 의식의 중심에 교회 본질을 심어 놓아야만 한다. 교회는 본질적으로 ①교제 ②가족 ③몸 ④양이라는 것을 이 장을 통해서 배우게 될 것이다. 이 본질은 우리의 모든 목회 활동이나 사역에 자연스럽게 나타나게 될 것이다.

II. 세례(침례), III. 성찬
예수님께서 제자들에게 자신의 죽음을 기억하기 위해서 두 가지 예식을 주셨다. 그 의미에 대해서 배우게 될 것이다.

IV. 영적 가족의 지체가 되는 것
그리고 최종적으로 101과정의 목적인 영적 가족의 일원이 되는 것에 대해서 배우게 될 것이다.

"그리스도의 평강이 너희 마음을 주장하게 하라 너희는 평강을 위하여 <u>한 몸으로 부르심을 받았나니</u> 너희는 또한 감사하는 자가 되라"(골 3:15).

'한 몸으로 부르심을 받았나니'에 밑줄 치십시오. 예수님을 믿는 우리는 모두 한 몸으로 부르심을 받았습니다. 우리는 그 몸의 지체입니다. 이제 우리는 제 4장에서 하나님께서 원하시는 교회의 모습을 보게 될 것입니다.

I. 하나님께서 바라시는 교회의 구조

교회의 구조는 문화나 사업적인 관례, 혹은 교단의 전통에 의해 결정되는 것이 아닙니다.

48페이지의 윗부분을 주목하십시오. 우리는 교회의 구조가 문화, 사업적인 일, 혹은 심지어 교파의 전통에 의해 결정되어서는 안 된다고 믿습니다. 투표, 위원회, 모임, 특별한 과정, 다수결의 원칙, 선거, 의회. 이런 것들의 공통점은 무엇입니까?

정치? 분쟁? 관료주의? 이것들 중에 어떠한 것도 성경에 존재하지 않습니다. 그러나 얼마나 많은 교회들이 위원회와 모임, 모임의 인원, 그리고 투표, 선거 등으로 조직화되어 있는지 여러분은 잘 알고 있을 것입니다. 이러한 것들은 핵심과 본질이 아닙니다. 하찮은 것들입니다. 그래서 성경에서는 교회가 어떻게 조직되어야 한다고 말하는지 함께 살펴보도록 합시다.

> "불행히도 교회는 흔히 헌신(Commitment)보다는 위원회(Committees)를 통해서 유지되고 있다."
> – 릭 워렌

1. 교회의 본질이 교회의 구조를 결정합니다.

우리 교회는 다음 4가지가 교회의 본질적인 요소라고 생각합니다. 그리고 우리 교회는 그러한 본질적인 요소 위에 구조를 형성하고 있습니다.

> "기초에 따라 건물의 규모와 튼튼함이 결정된다. 기초가 감당할 수 있는 규모보다 더 크게 건물을 지을 수 없다. 부적당하거나 잘못된 기초 위에 세워진 교회는 하나님이 의도하시는 바에 결코 다다를 수 없다. 만약 기초보다 더 커진다면 그것은 무너지고 말 것이다."
> 『새들백 교회 이야기』 p. 101

1) 교회는 <u>교제</u>입니다.

"그들이 사도의 가르침을 받아 서로 <u>교제</u>…하기를 힘쓰니라"
(행 2:42).

'교제'에 밑줄 치십시오. 교제란 무엇입니까? 가장 좋은 정의는 '같은 배를 탄 두 사람'입니다. 만약 당신이 부산에서 제주도로 배를 타고 가게 되었다면 당신은 불가피하게 어떤 사람과 교제하게 될 것입니다. 같은 배를 탄 사람들은 같은 방향을 향해 가기 때문에 서로를 알게 되고 어울리게 됩니다. 그것이 바로 교제입니다. 교제는 같은 방향으로 가고 있다는 이유를 가지고 다른 사람들을 알아갈 때 이루어집니다.

그리스도인으로서 우리는 모두 같은 천국을 향해 가고 있습니다. 우리는 같은 방향을 향해 갑니다.

① 교제에서의 최고 우선순위는 <u>조화</u>(harmony)와 <u>하나</u>(unity) 됨에 있습니다.

> "오케스트라 연주에서 '동음'(unison)과 '화음'(harmony)은 차이가 있다. 만일 모든 연주가들이 똑같은 음을 연주한다면 매우 지루한 음악이 될 것이다. 음악을 아름답게 만드는 것은 화음이다.…각 연주가들의 목표는 다른 사람들보다 더 큰 음을 내는 것도 아니고 곡을 먼저 끝내는 것도 아니다. 그들은 목표는 '같은 마음과 같은 뜻으로 온전히 하나가 되는 것'이다."
> 『공동체를 세우는 삶』 p. 122

"평안의 매는 줄로 성령이 하나 되게 하신 것을 <u>힘써 지키라</u>"
(엡 4:3).

'힘써 지키라'에 밑줄 치십시오. 이 구절이 우리에게 주는 가르침은 굉장히 큽니다. 여러분은 성령님께서 하나 되게 하신 것을 힘써 지킵니까? 우리는 종종 하나 됨의 중요성을 알지 못하고 힘써 지키지 못할 때가 있습니다. 분열하고 나누어지는 경우를 많이 봅니다. 건강한 교회는 하나가 되기 위해서 힘써 노력합니다.

"그러므로 우리가 화평의 일과 서로 <u>덕</u>을 세우는 일을 <u>힘쓰나니</u>"(롬 14:19).

'덕'에와 '힘쓰나니'에 밑줄 치십시오. 덕이 무엇입니까? 헬라어로 오이코메오란 뜻인데, 이 말의 뜻은 건축, 어떤 것을 세운다는 의미입니다. 서로가 서로를 세우는 것이 덕입니다. 지금 내가 하는 행동이 덕이 되느냐, 다른 사람을 세우는 것이냐 무너뜨리는 것이냐, 이것을 생각할 수 있어야 합니다. "덕을 세우는 일을 힘쓰나니"는 것은 '내가 다른 사람을 세우는 일'에 '우리가 하나가 되는 일'에 힘써야 된다는 것입니다. 이것이 교회 본질에 동의하는 자세입니다.

> **새들백 이야기 :**
> 새들백에서는 서로를 세우기에 가장 좋은 곳이 소그룹 모임이라고 말한다. 소그룹은 서로를 세워 주기 위해 정기적으로 함께 모이는 곳이기 때문이다. 우리가 서로 격려하기를 힘쓸 때, 근육이 강건해지듯이 우리는 서로를 강건하게 만든다. 새들백의 소그룹에서는 다음 세 가지를 실천한다.
> - 격려하기에 힘쓰라.
> - 다른 사람을 귀하게 여기라.
> - 진정 중요한 것에 초점을 맞추라.

② 부조화와 불일치를 일으키는 "그 어떤" 자세도 죄입니다.

교회 본질에 도전하는, 다시 말하면 교회를 분열시키는 행동은 '죄'입니다.

골 3:15; 고전 1:10; 딤후 2:14; 잠 17:14; 고후 13:11; 빌 1:27, 2:1-3; 골 2:2; 빌 4:2; 벧전 3:8; 고전 14:33; 요 13:34-35; 딤후 2:23; 롬 15:5-6; 롬 12:16-18; 골 3:13-14; 시 133:1

③ 좋은 구조는 하나 됨을 증진시키고 차이점을 줄입니다.

"내가 명하는 이 일에 너희를 칭찬하지 아니하나니 이는 너희의 모임이 유익이 못되고 도리어 해로움이라 먼저 너희가 교회에 모일 때에 너희 중에 분쟁이 있다 함을 듣고…"(고전 11:17-18).

'분쟁이 있다 함을 듣고'에 밑줄 치십시오. 교회 안에 분열이 있기 때문에 교회가 성장하지 못하는 경우가 아주 많습니다. 특별히 한국이나 미국에서 작은 교회들이 많은 이유 중 하나가 분열에 있습니다. 그리고 그 분열을 조장하는 것 중에 하나가 '투표'입니다.

④ "투표"는 분열을 일으키는 경향이 있습니다. 따라서 우리 교회에서는 엄격히 제한된 경우에만 투표를 활용합니다.

인도자를 위한 팁

새들백 교회의 경우에 아주 제한적인 경우에만 투표 제도를 사용한다. 매년 예산 및 법률상의 관리인 선출, 땅이나 건물 구입 시, 세미나에 참여할 목회자를 초청할 때, 교회의 구조를 변경할 때 등이다. 새들백 교회에서 평신도 사역의 직임을 맡을 자들을 투표로 선출하지 않는 이유에 대해서는 『새들백 교회 이야기』(pp. 421-423)를 참고하라.
또한 당신의 교회가 가지고 있는 원칙을 간단하게 설명하라.

2) 교회는 <u>가족</u>입니다.

교회는 가족입니다. 교회는 기관이 아닙니다. 교회는 어떤 제도가 아닙니다. 교회는 가정입니다.

"(나는) 하나님의 가족 가운데서 사람이 어떻게 처신해야 하는지를 그대가 알게 하려는 것입니다. 이 가족은 살아 계신 하나님의 교회요…"(딤전 3:15, 새번역).

"여러분은 서로 뜨겁게 인정하고 부드러운 마음과 겸손한 정신으로 서로 사랑하는, <u>하나의 대가족</u>처럼 되어야 합니다"(벧전 3:8, LB 번역).

> 참고 :
> "You should be like <u>one big family</u>, full of sympathy toward each other, loving one another with tender hearts and humble minds." I Peter 3:8(LB)

이 성경구절은 Living Bible을 번역한 것입니다. '하나의 대가족'(one big family)에 밑줄 치십시오. 하나님은 가족을 원하시고 우리가 가족이 되도록 만드셨습니다. 그분은 우리가 태어나기 전부터 한 가족을 계획하셨습니다. 따라서 '성경'은 하나님을 사랑하고, 그분에게 영광을 돌리며, 영원히 그분과 함께 통치할 하나님의 가족을 만드는 이야기입니다.

갈라디아서 6:10; 히브리서 2:10-12; 베드로전서 4:17

① 따라서 우리는 <u>규칙</u>이나 <u>법규</u>가 아닌 <u>관계</u>에 근거해서 일합니다!

우리는 관계에 근거해서 교회를 운영해야 합니다. 그러나 많은 교회들이 법을 가지고 있습니다. 하지만 법이 있다고 해도 법이 유명무실

해지도록 관계에 힘을 써야 합니다. 법이라는 것은 항상 울타리 역할을 합니다. 법을 도전하는 사람을 위해 있는 것이지 법을 지키고자 하는 사람을 위해 있는 것이 아닙니다.

"형제를 사랑하여 서로 우애하고 존경하기를 서로 먼저 하며"(롬 12:10).

"늙은이를 꾸짖지 말고 권하되 <u>아버지</u>에게 하듯 하며 젊은이에게는 <u>형제</u>에게 하듯 하고 늙은 여자에게는 <u>어머니</u>에게 하듯 하며 젊은 여자에게는 온전히 깨끗함으로 <u>자매</u>에게 하듯 하라"(딤전 5:1-2).

위의 두 성경구절에서 가족 관계에 해당하는 말에 밑줄 치십시오. 아버지, 형제, 어머니, 자매. 이러한 말씀에 비추어 볼 때 교회가 아무리 커도 가족이어야 한다는 것을 기억하십시오. 교회가 커져서 회사처럼 되면 다음부터 쇠퇴하게 됩니다. 계속해서 교회가 성장하고 건강한 교회로 영향력을 미치기 위해서는 언제나 가족이어야 합니다. 저를 포함한 모든 성도들이 기본적으로 형제요 자매입니다.

"(목사는) 자기 집을 잘 다스려 자녀들로 모든 공손함으로 복종하게 하는 자라야 할지며(사람이 자기 집을 다스릴 줄 알지 못하면 어찌 <u>하나님의 교회를 돌보리요</u>)"(딤전 3:4-5).

'집을 다스릴 줄', '하나님의 교회를 돌보리요'에 밑줄 치십시오. 이 말씀은 '가정 리더십'이 '교회 리더십'과 연결된다는 것입니다. 가정 리더십이 잘 안 되는 사람이 교회에서 리더십을 맡게 되면 문제가 생길 수 있습니다. 그래서 자기 가정을 잘 다스리고 이끌 수 있는 가정 리더십이 검증된 사람이 교회 안에서도 가족적인 리더십으로 교회를 잘 이끌 수 있다는 말합니다. 그러므로 가족에서 우리가 배우는 모든 리더십의 원리가 교회에서 그대로 통하는 것을 알 수 있습니다. 교회에서 또 다른 종류의 리더십을 배우는 것이 아닙니다.

가족을 향해 가지고 있는 가족 리더십의 마음이 교회 안에서 더 크게 나타날 수 있는 것입니다.

② 우리는 우리 교회가 동시에 더 <u>크게</u> 그리고 더 <u>작게</u> 자라야 한다고 믿습니다.

이 말의 의미는 큰 그룹 축제와 작은 세포 그룹 사이의 균형이 잘 이루어져야 한다는 것입니다. 교회의 건강을 위해서는 둘 다 중요합니다.

"그들이 날마다 <u>성전</u>에 있든지 <u>집</u>에 있든지 예수는 그리스도라고 가르치기와 전도하기를 그치지 아니하니라"(행 5:42).

'성전'과 '집'에 밑줄 치십시오. 성전과 집은 '대그룹'과 '소그룹'을 말합니다. 교제에 있어서 그 크기는 매우 중요합니다. 큰 무리와 함께 예배를 드릴 수는 있지만 교제는 할 수 없습니다. 그룹의 크기가 커져서 열 명 이상이 되면 사람들이 참여하지 않기 시작하고, 소수의 사람들이 주도할 수도 있습니다. 따라서 모두 참여할 수 있는 소그룹은 열두 명 이상이 되어서는 안 됩니다.

인도자를 위한 팁

> 큰 그룹 축제(대그룹)는 사람들에게 그들이 무언가 중요한 것의 일부라는 느낌을 준다. 그러한 축제는 불신자들에게는 깊은 인상을 주며 교인들에게는 힘이 되는 것이다. 그러나 군중 속에서는 개인적인 기도 제목을 나눌 수가 없다. 작은 동질 그룹(소그룹)은 그와 반대로 친밀감과 가까운 교제의 분위기를 창출하기에 안성맞춤이다. 모든 사람이 한 개인의 이름을 아는 곳이 바로 그곳이다. 또한 그가 빠질 때 모든 사람이 알게 된다.
>
> 『새들백 교회 이야기』 p. 365

③ <u>소그룹</u>은 우리 교회를 "가족"으로 체험할 수 있는 곳입니다.

소그룹이 중요한 이유는 우리 교회를 가족의 차원에서 체험할 수 있는 곳이 그 현장이기 때문입니다. 그리스도의 몸은 여러 작은 세포들의 집합체입니다. 우리의 몸과 그리스도의 몸의 생명은 그 세포에 담겨 있기 때문에 모든 크리스천들은 교회 내의 여러 소그룹에 참여해야 합니다. 하나님은 소그룹으로 모이는 크리스천들에게 엄청난 약속을 해 주셨습니다.

3) 교회는 <u>몸</u>입니다.

"너희는 그리스도의 몸이요 지체의 각 부분이라"(고전 12:27).

"우리는 모두 한 몸의 지체들입니다"(엡 4:25 하, 현대).

에베소서 1:22-23, 5:23; 골로새서 1:18, 2:19

한 지체가 자기 역할을 하지 못하면 모두에게 영향을 미칩니다. 그러나 한 지체가 제 역할을 하면 모두에게 좋은 영향을 미칩니다.

① 교회는 몸이지 기업이 아닙니다!

많은 교회에서 기업에 오랫동안 종사한 성도들이 교회의 운영에 참여하면서 문제가 생기는 것을 종종 볼 수 있습니다. 세상의 원리로 교회를 운영하려고 하는 것입니다. 300년대 초반에 콘스탄틴 황제는 처음 기독교 신앙을 인정했습니다. 그 과정을 통해 교회가 좋아진 점도 많지만 타락의 길로 가게 됐습니다.
    반대로 요즘에는 교회의 몸의 원리를 적용하는 기업이 생겨나고 있습니다. 기업이 살려면 팀 정신이 필요한데, 이 정신은 몸의 원리에서 나오는 것입니다.
    그러나 교회는 기업이 아님을 명심해야 합니다.

② 교회는 생명체(유기체)이지 조직체가 아닙니다!

교회는 생명이 있는 생명체입니다. 조직체는 누군가 힘을 줘야 자라지만 생명체는 그 안에 성장의 요소를 가지고 있습니다.

③ 따라서, 교회는 선출된 직분이 아닌 영적 은사에 따라 움직입니다!

조금 다르게 표현하자면 당신이 잘하는 것이 무엇이든지 간에, 당신은 이 교회를 위해 일해야 합니다. 만약 당신이 성가를 잘 부른다면 음악 사역을 해야 합니다. 아이들과 잘 지낸다면 어린이 사역을 해야 합니다. 만약 조직에 익숙하다면 교회에서 조직을 만들어야 합니다. 행정을 잘하면 행정가가 되어야 합니다. 재정 관리 능력이 뛰어나다면 재정팀 중 한 명이 될 것입니다. 젊은 사람들과 어울려서 일을 잘한다면 교회에서 선생님이 되어야 합니다. 우리는 교회에서 어떤 사람도 뽑지 않습니다. 우린 하나의 몸이기 때문입니다.
  핵심은 이것입니다. 당신이 무슨 은사를 받았든지 그 은사를 가지고 그리스도의 몸 안에서 감당해야 할 부분이 있습니다.

> "우리가 한 몸에 많은 지체를 가졌으나 이 지체들이 다 같은 기능을 가진 것은 아닙니다. 이와 같이 우리 많은 사람들이 그리스도 안에서 한 몸이 되어 서로서로 지체가 되었습니다. 그래서 우리에게 주신 은혜에 따라 우리가 받은 선물이 각각 다릅니다"(롬 12:4-6, 현대).

'서로서로 지체가 되었습니다'에 밑줄 치십시오. 우리 교회에 등록하는 순간 갑자기 당신은 다른 모든 사람들과 연결될 수 있습니다. 만약 당신이 다른 사람들과 연결되기를 원하지 않는다면 우리 교회에 등록하는 것을 일단 보류하십시오. 왜냐하면 등록한다는 의미는 서로에게 지체가 된다는 것이기 때문입니다. 우리 교회에서 등록한다는 것은 다른 사람들에게 헌신한다는 의미가 포함되어 있습니다.
  우리들 각자는 자신에게 주신 은혜에 따라 각각 다른 은사를 받

앉습니다. 당신이 어떤 일을 잘하든지 간에 그것은 그리스도의 몸 된 교회 안에서 섬겨야 할 일들입니다. 우리는 당신이 잘하는 일을 발견하도록 도와줄 것입니다. '나의 형상 발견'이라는 301과정이 있습니다. 우리는 당신이 그리스도의 몸 안에서 잘하는 일이 무엇인지를 발견하고 이해할 뿐 아니라 삶에서도 잘하는 일이 무엇인지 규정하고 이해할 수 있도록 도와줍니다. 실제로 사람들이 직업을 바꾸게 도와주면 사람들은 이렇게 고백합니다. "나는 지금까지 나에게 맞지 않은 직업을 가지고 있었어요!" 사역을 발견하는 과정은 당신에게 큰 도움을 줄 것입니다.

④ 조직체에서는 "운영"에 초점이 모아집니다.
 그러나 생명체에서는 "사역"이 초점입니다!

조직체와 생명체의 차이는 운영과 사역의 차이라고 할 수 있습니다. 운영을 하는 곳은 '위원회'이고 사역을 하는 곳은 '사역팀'입니다. 위원회는 토론하고 사역팀은 실천합니다. 위원회는 다른 사람들이 무엇을 했으면 좋을지 의논합니다. 그러나 사역팀은 그 일을 실제로 실천합니다. 우리 교회는 현재 ○○개의 사역이 운영되고 있습니다.

⑤ 교회는 단순한 구조를 가짐으로써
 사역을 최대화하고 운영을 최소화 할 수 있습니다!

대부분의 교회는 너무 많은 모임이 있습니다. 많은 사람들이 사역하지 못하는 이유는 항상 모임에 참석해야 하기 때문입니다. 그래서 사무(회의/Meeting) 때문에 사역(Ministry)이 되지 않는다는 이야기가 있을 정도입니다.
　우리 교회에서는 사역을 극대화하고 관리를 최소화할 수 있도록 간단한 구조를 가지고 있습니다. 더 많은 조직을 가지면 가질수록 더 많이 돌봐야 합니다.

> **새들백 예화 :**
> 한 윤활유 제조 공장에서 사업을 확장하여 더 많은 기계들을 들여놓고 자신들이 만든 윤활유로 그 기계들을 움직였습니다. 그들은 윤활유 사업이 성공하면 할수록 더 많은 기계를 들여놓아야 했고, 자신의 공장 기계에서 생산한 윤활유를 모두 자신의 공장 기계에 사용하게 되었습니다. 그래서 판매할 윤활유가 없어 공장 문을 닫게 됩니다.
> 많은 모임으로 인해 사역을 하지 못하는 것도 이와 같습니다. 따라서 우리는 사역을 극대화하기 위해 모임을 최소화해야 합니다.

우리 교회의 전체 조직은 에베소서 4:11-12에 근거한 다음의 두 문장으로 요약될 수 있습니다.

"그가 어떤 사람은…목사와 교사로 삼으셨으니 이는 <u>성도를 온전하게 하여 봉사의 일을 하게 하며</u> 그리스도의 몸을 세우려 하심이라"(엡 4:11-12).

'성도를 온전하게 하여 봉사의 일을 하게 하며'에 밑줄 치십시오. 이 구절을 통해 볼 때 누가 교회의 사역을 감당하는 자들입니까? 목사와 교사들입니까? 아니면 성도들입니까? 성도들이 사역을 감당합니다. 이 구절에 근거해 볼 때 목사와 교사는 무슨 일을 합니까? 그들은 하나님의 성도들을 위해 사역을 준비시킵니다. 아래에 빈칸을 채워 보십시오.

⑥ 우리 교회의 구조
 - 성도들은 <u>사역자들</u>입니다.
 - 목회자들은 사역자를 세우는 <u>사역자 리더</u>입니다.

성도들을 사역을 위해 무장시키는 것이 목회자의 사역입니다. 모든 그리스도인들은 사역자입니다. 성경은 이 사실을 아주 명확하게 말하고 있습니다.

어느 날 당신이 하나님 앞에 서게 되었을 때 두 가지 질문을 하실 것입니다. 하나는 "내 아들 예수 그리스도와 함께 무슨 일을 했느냐?" 저는 당신이 이 질문에 대한 대답을 이미 알고 있기를 바랍니다. "그분은 제 삶의 주인이시고 주관자이십니다. 저는 제 삶을 그분께 드렸습니다. 저는 구원을 위해 그분을 영접했습니다."

그리고 그분은 두 번째 질문을 던질 것입니다. "내가 준 것을 가지고 무엇을 했느냐?" 여러분들은 재능과 능력을 소유하고 있습니다. 특별한 은사를 가지고 있습니다. 당신은 선천적인 기질을 소유하고 있습니다. 특정한 분야에 대한 관심이 있습니다. 당신이 생각할 때 당신의 관심은 어디에 있습니까? 하나님께서는 그 특정한 분야에 관심을 두도록 하셨습니다. 하나님께서는 자신을 위해서만 재능이나 능력을 사용하라고 주시지 않았습니다. 하나님께서는 더 좋은 세상을 만들고 다른 사람을 도우라고 주셨습니다.

여러분의 재능과 능력과 관심을 다른 사람을 위해 사용할 때 그것이 곧 사역입니다. 목사와 교사라는 직책은 여러분들을 사역자로 무장시키는 것입니다.

> **새들백 이야기 :**
> 사람들이 릭 워렌에게 "새들백 교회에 얼마나 많은 사역자들이 있습니까?"라고 물을 때 릭 워렌 목사는 약 6,000명의 사역자들이 있다고 대답한다. 6,000명의 훈련받은 평신도가 모두 사역자라고 말하는 것이다.

⑦ 최근 우리 교회에서는 지체들에 의해 시작되고 이뤄지는 사역이 ○○개 정도 있습니다.

> **새들백 이야기 :**
>
> 새들백 교회에는 수백 개의 다양한 사역들이 성도들에 의해서 시작되어 운영되고 있다. 어떻게 하면 새로운 사역을 시작할 수 있을까? 새로운 사역은 어떤 사람이 생각을 구체화할 때 시작된다고 릭 워렌 목사는 말한다. 하루는 어떤 자매가 릭 워렌 목사에게 찾아와 "기도사역이 필요합니다"라고 말했다. 그래서 릭 워렌 목사는 "훌륭합니다. 당신이 그 일을 시작하십시오. 주보에 광고하시고 사람들이 모집되면 그 사역을 시작할 수 있습니다"라고 대답했다고 한다. 새들백 교회는 그런 일을 할 때 투표하지 않는다. 사역을 시작할 때 어떤 위원회나 조직의 동의가 있어야 하거나, 시작을 알리는 행사가 없어도 된다고 생각한다. 새들백 교회에서는 곧바로 사역을 시작할 수 있도록 돕고 있다.

4) 교회는 <u>양들</u>입니다.

① 예수님은 교회를 이렇게 부르기를 좋아하셨습니다(요 10:1-30; 마 25:33, 26:31).

'양 떼'는 예수님께서 교회를 가리켜 가장 즐겨 사용하신 표현입니다. 예수님께서는 교회를 "내 작은 양 떼"(My little flock)라고 부르셨습니다. 따라서 교회는 목자가 돌보고 인도합니다. 목자는 양 떼를 인도하고 먹입니다. 시편 100편의 말씀을 함께 읽겠습니다.

"여호와가 우리 하나님이신 줄 너희는 알지어다 그는 우리를 지으신 이요 우리는 그의 것이니 그의 백성이요 그의 기르시는 양이로다"(시 100:3).

'양'에다 밑줄 치십시오. 교회는 양들이라고 말씀하고 있습니다. 그러면 누가 그 교회의 구성원인 양들, 곧 성도들을 돌봐야 합니까?

② 따라서 교회는 <u>목자들</u>이 돌보고 이끕니다.

요한복음 21장 16절을 함께 읽겠습니다.

"또 두 번째 이르시되 요한의 아들 시몬아 네가 나를 사랑하느냐 하시니 이르되 주님 그러하나이다 내가 주님을 사랑하는 줄 주님께서 아시나이다 이르시되 내 양을 <u>치라</u> 하시고"(요 21:16).

'치라'에 밑줄 치십시오. 이 말은 헬라어로 '목사'라는 단어입니다. 목자들에게 중요한 것은 무엇입니까? 양들을 먹이고 이끄는 리더십입니다. 목회자는 리더십을 가지고 방향을 설정하는 존재인 것입니다. 목회자는 교회의 리더입니다.

> **새들백 이야기 : 새들백 교회가 건강한 이유**
>
> 수년 전 릭 워렌 목사는 심장마비에 걸린 교회 성도에 대한 이야기를 들었다. 그는 개척 초창기부터 새들백 교회에 출석한 왈트였다. 그는 교회의 핵심 멤버이기도 했다. 그래서 시간을 내서 병원으로 심방을 갔다(당시 릭 워렌 목사는 교회의 모든 병든 성도들을 심방할 수 없는 상황이었다. 매주 20~30건의 결혼 예식과 12건 정도의 장례식이 집례된다면, 담임목사가 어떻게 그 많은 사람들을 공평하게 대할 수 있겠는가? 병원 심방은 지도자들과 교회의 다른 목회자들이 담당한다).
>
> 예배 후 릭 워렌 목사는 병원 중환자실로 찾아가 이렇게 말했다. "저는 워렌 목사입니다. 왈트 스티븐스 씨를 만나러 왔습니다." 중환자실 수간호사는 그를 쳐다보며 이렇게 말했다고 한다. "새들백 교회에 목회자가 몇 명입니까?" 릭 워렌 목사는 폭소를 터트리면서 이렇게 말했다. "평신도 지도자들 숫자를 묻는 것이라면 100명의 목회자들이 있습니다." 그녀는 이렇게 대답했다. "죄송합니다. 너무 많은 목회자들이 이미 그를 찾아와 심방했습니다. 당신은 그분을 만날 수 없어요."

"이해를 못하는군요. 제가 새들백 교회 담임목사입니다." 그녀는 또 이렇게 말했다. "저는 당신이 누구든지 상관이 없어요. 당신은 환자를 만날 수 없습니다." 그 간호사는 자리를 떠났고, 릭 워렌 목사는 우여곡절 끝에 병실로 들어갈 수 있었다.

릭 워렌 목사는 왈트와 15분간 대화하고 병실에서 그를 위해 기도해 주었다. 하지만 그는 릭 워렌 목사의 심방을 요청할 필요가 없었다. 병원에 입원하고 하루 동안 다섯 명의 평신도 지도자들이 벌써 그를 심방한 상태였다. 병원을 나설 때 릭 워렌 목사는 감사의 눈물을 흘렸다고 한다. "그렇구나! 바로 이것이 하나님께서 교회를 움직이시는 방법이구나!" 하나님께서는 결코 교회가 모든 성도들의 필요를 채워주는 한 사람의 슈퍼스타가 펼치는 쇼가 되도록 의도하지 않으셨다는 것을 깨달았다고 한다.

이 일화는 릭 워렌 목사가 새들백 교회를 개척한 이래로 교회를 한 사람의 인격 위에 세워가지 않기로 결심했기 때문에 가능한 것이었다. 교회 개척 초창기부터 사역을 위임하고 사역에서 손을 떼는 것이 그의 목표였다. 릭 워렌 목사 부부는 새들백 교회를 개척할 때 교회에서 문자적으로 한 가지씩의 사역만을 맡았다. 릭 워렌 목사가 주보 원고를 준비해 주면 아내는 그 원고를 타이핑했고, 그러고 나면 그가 인쇄를 맡겼다. 그리고 모든 장비를 집 차고에 보관했다. 그리고 매주 주일이 되면 트럭을 빌려 유아실 집기들과 기타 장비들을 고등학교로 옮겨 예배를 준비했다. 그 일을 직접 감당했다. 예배가 끝나면 다시 트럭을 빌려 모든 집기를 실어 차고에 다시 보관해 두었다. 문자 그대로 교회의 모든 일을 하나부터 열까지 다 감당했던 것이다.

그러나 교회가 성장하기 시작하자 사역을 위임하기 시작했다. 처음에는 10명의 자원봉사자들에게 일을 맡겼다. 그리고 조금 후에는 20명의 자원봉사자들이, 그리고 조금 후에는 30명, 40명의 자원봉사자들이 헌신했다. 마침내 새들백 교회에는 1,500명의 사역을 감당하는 평신도 사역자들이 생겨나게 되었다. 그리고 아직

도 남에게 위임하지 않고 지속적으로 섬기고 있는 일이 있다는 사실을 발견했다. 그 사역은 오직 릭 워렌 목사만이 감당하고 있는 주일 아침 설교 사역이었다. 그래서 릭 워렌 목사는 다른 목사들과 교사들을 설교단에 세우기 시작했다. 그러는 데에는 몇 가지 이유가 있다고 말한다.

첫째, 성도들은 한 사람 이상의 인격을 통해 하나님의 말씀을 들을 필요가 있다. 대다수의 성도들이 5년 정도 한 교회에 출석하고 나면 다른 교회로 떠나간다. 왜냐하면 한 명의 목사를 통해 들을 설교를 다 들었다고 생각하기 때문이다. 그러나 릭 워렌 목사는 새들백 교회의 성도들이 전 생애를 새들백 교회에서 보내기를 원한다. 그렇게 하는 것이 교회를 건강하게 유지시키기 때문이다. 담임목사에게도 유익하다. 릭 워렌 목사는 새들백 교회에서 40년 동안 목회하기를 원한다고 한다. 따라서 담임목사 자신의 유익과 성도들의 유익을 위해 설교 사역까지도 과감히 위임하는 것이다.

릭 워렌 목사가 분명히 알고 있는 한 가지 사실이 있다. 만약 그가 지금 당장 죽는다 해도 새들백 교회가 계속해서 성장해 갈 것이라는 사실이다. 왜냐하면 새들백 교회가 한 사람의 터 위에 세워져 있지 않기 때문이다. 워렌 추종자들(Warren-groupies)이라고 부르는 수천 명의 성도들이 있다. 그들은 새들백 교회의 등록교인이 되지 않고 외곽만 맴도는 사람들이다. 그들은 릭 워렌의 설교를 듣고자 출석한다. 새들백 교회는 그런 사람들을 그냥 방치해 둔다. 아직도 여전히 수천 명의 주일 예배 출석자들이 그런 상태로 있다. 새들백 교회는 완전한 교회가 아니다. 그러나 건강한 교회다. 새들백 교회가 건강한 이유는 한 사람의 슈퍼스타에 의해 좌지우지되지 않기 때문이라고 릭 웨렌 목사는 말한다.

신약성경에는 교회 지도자를 일컫는 말이 세 가지 있습니다.

③ 신약 성경에서는 "같은 교회 리더들"을 일컬을 때 세 가지 용어를 사용합니다.

- '포이맨'(POIMEN) : 목사

'포이맨'(Poimen) 헬라어로 목사 또는 목자라는 의미를 가지고 있습니다. 이 단어는 꼴을 먹이는 자가 지도자라는 의미를 담고 있습니다. 사역의 목양적 차원을 설명해 주는 것입니다. 예수님께서 베드로에게 "내 양을 치라"고 말씀하셨을 때 '포이맨'이라는 단어가 사용되었습니다. 목사라는 단어입니다. 목사라는 말은 양떼를 친다는 것을 의미합니다.

- '프레스뷔테로스'(PRESBUTEROS) : 장로

'프레스뷔테로스'(Presbuteros)는 헬라어로 '장로'를 의미합니다. 장로교(Presbyterian)라는 말이 이 단어에서 파생되었습니다. 장로교인들은 그들의 지도자를 장로라고 부릅니다. 이 용어는 훌륭하고 정통성을 갖춘 용어입니다. 성경적인 용어입니다. 이 단어는 영적 성숙과 관련이 있습니다. 장로라는 말은 육체적으로 늙었다는 것이 아니라 영적인 성숙을 의미합니다.

　디모데는 에베소 교회의 장로이자 수석 목사였습니다. 바울은 그에게 "너는 장로이자, 에베소 교회의 목회자다. 네가 다른 장로들을 임명하게 될 것이다"라고 말했습니다. 그리고 같은 성경 뒷부분에서 이렇게 말했습니다. "누구든지 네 연소함을 업신여기지 못하게 하라." 어떻게 디모데는 연소하면서도 장로가 될 수 있었을까요? 디모데는 어린 시절부터 신앙생활을 했기 때문에 그의 나이 25세나 30세가 되었을 때에 신앙생활의 연륜이 20~25년이나 된 상황이었습니다. 반면에 그가 목양하는 성도들은 이제 신앙생활을 시작한지 1년도 되지 않았지만 나이는 디모데보다 더 많았습니다. 따라서 '프레스뷔테로스'라는 단어는 영적인 성숙을 의미하는 것이지 육체적인 성숙을 의미하는 것이 아닙니다.

- '에피스코포스'(EPISCOPOS) : 감독

'에피스코포스'(Episcopos)라는 단어는 '감독', '주교'라는 뜻입니다. '감독교회'라는 말은 이 단어에서 파생되었습니다. 그들은 지도자를 '주교'라고 부릅니다. 그렇게 부르는 데는 아무런 문제가 없습니다. 아주 성경적인 용어입니다. '에피'(Epi)라는 말은 헬라어로 '…의 위에서'(over)를 뜻합니다. '스코포스'(Scopos)라는 말은 '바라보다'(to see)라는 의미입니다. 예를 들어, 망원경(telescope), 현미경(microscope), 청진기(stethoscope) 등이 여기에서 파생되었습니다. 에피스코포스라는 단어는 '감독하다'라는 의미를 갖고 있습니다. 오늘날 우리는 감독들을 지배인(manager)라고 부릅니다. 주교라는 말은 매니저, 감독자(supervisor), 감독관이라는 의미를 담고 있습니다. 이 단어는 교회 지도력의 관리적인 측면을 나타냅니다.

목사와 장로의 차이점은 무엇입니까? 장로와 주교의 차이점은 무엇입니까? 주교와 목자의 차이점은 무엇입니까? 목자와 감독자의 차이점은 무엇입니까? 아무런 차이점도 없습니다.

이 단어들은 신약에서 상호 호완적으로 사용되고 있습니다. 한국 사람들은 신약시대의 사람들보다 더 명칭에 집착합니다. 이 모든 명칭들은 신약성경에 사용되었습니다.

"나는 여러분 가운데 있는 같은 장로로서…권면합니다. 여러분 가운데 있는 하나님의 양 떼를 먹이십시오. 그들을 잘 감독하십시오…"(벧전 5:1-2, 표준).

'장로' 그리고 '양 떼를 먹이십시오', '감독'에 밑줄 치십시오. 베드로는 장로를 목자이자 목사로 부르고 있습니다. 그런 후 베드로는 이렇게 말합니다. "감독자들처럼 봉사하라"(episcopos). 감독자는 장로이면서 목사입니다. 이 말씀에 의하면 장로들에게 두 가지 역할이 있습니다. 하나는 먹이는 것이고 하나는 감독하는 것입니다. 감독한다는 것은 인도하는 것입니다. 장로는 또한 모범을 보이는 사람들입니다. 그러므로 이러한 세 가지 역할을 장로들이 하는 것입니다. 장로는 어떤 계급이 아니라 역할입니다. 장로가 이런 역할을 할 수 있고 목사가 이런 역할을 할 수 있습니다. 이 시대의 장로들은 오늘날의 목사에 해당됩니다. 사도행전 20장을 보시죠.

"바울이 밀레도에서 사람을 에베소로 보내어 교회 장로들을 청하니 오매 그들에게 말하되…여러분은 자기를 위하여 또는 온 양 떼를 위하여 삼가라 성령이 그들 가운데 여러분을 감독자로 삼고 하나님이 자기 피로 사신 교회를 보살피게 하셨느니라"(행 20:17-18, 28).

'교회 장로들'(presbuteros)과 '감독자'(bishop) 그리고 '보살피게'(shepherds)에 밑줄 치십시오. 여기서도 세 단어는 호환되어 쓰이고 있습니다.

디도서 1:5-7; 디모데전서 5:17

지금까지 살펴본 것이 바로 우리 교회의 구조입니다. 대부분의 교회들이 가진 조직과 아주 다른 구조입니다.

어떤 교회에 출석하면 곧바로 등록교인이 됩니다. 하지만 자신이 어디에서 섬기게 될지는 모릅니다. 그리고 핵심 사역 팀에도 포함되지 못합니다. 아마도 그 교회에 출석한 지 5~6년이 지나서야 당신을 어떤 위치에서 섬길 수 있도록 선출해 줄 것입니다.

우리 교회는 성도 여러분이 사역에 참여하기 용이하도록 모든 절차를 이 구조에 맞게 운영하고 있습니다.

우리는 1장에서(p.19) 간단한 헌신의 기도를 드렸습니다. 성경은 우리의 결단을 떠올리게 하기 위해 두 가지의 상징적 예식을 가르칩니다. 세례와 성만찬 예식이 그것입니다. 53페이지를 보십시오.

II. 하나님과 나의 하나 됨 : 세례(침례)

> 참고 『목적이 이끄는 삶』 pp. 161-162

1. 왜 세례(침례)를 받아야 합니까?

1) 예수 그리스도께서 보여 주신 모범을 따르기 위함입니다.

> "그때에 예수께서 갈릴리 나사렛으로부터 와서 요단 강에서 요한에게 세례를 받으시고"(막 1:9).

왜 예수님께서 세례를 받으셨을까요? 자기를 구원하시기 위해서일까요? 그분은 구원받을 필요가 없는 완전한 분이셨습니다. 세례가 여러분을 구원하는 것은 아닙니다. 세례는 그분이 하신 일을 우리도 행하겠다는 것을 보여 주는 순종의 상징입니다. 우리는 예수 그리스도를 따르는 사람으로서 예수 그리스도께서 보여 주신 모범을 따라야 할 책임이 있습니다.

2) 그리스도께서 세례(침례) 받는 것을 명령하셨기 때문입니다.

예수님께서는 모든 그리스도인에게 세례를 주라고 명령하셨습니다. 예수님께서 이렇게 말씀하셨습니다.

> "그러므로 너희는 가서 모든 민족을 제자로 삼아 아버지와 아들과 성령의 이름으로 세례를 베풀고 내가 너희에게 분부한 모든 것을 가르쳐 지키게 하라"(마 28:19-20).

이것은 예수님께서 교회에게 주신 세 가지 명령입니다. 첫 번째 명령은 제자를 삼는 것입니다. 제자를 삼는다는 것은 사람들이 그리스도를 알아 가도록 돕는 것을 의미합니다. 다음에는 세례를 주는 것이고, 세 번째는 그들이 자랄 수 있도록 도와야 합니다.

많은 사람들은 이렇게 생각합니다. "나는 성장한 다음에 세례를 받을 거야. 그리스도인의 삶에 대해 알고 난 다음에 세례 받을 거야." 그렇지 않습니다. 세례는 그리스도를 따르기로 결정한 후에 곧바로 행해야 할 일입니다. 명령의 순서를 주목하십시오. '제자 삼은 후에 세례를 주라.' 예수님은 세례를 준 다음에 자랄 수 있도록 도우라고 명령하셨습니다.

3) 세례(침례) 받는 것은 참 <u>신자</u>가 된 것을 나타내기 때문입니다.

"수많은 고린도 사람도 듣고 믿어 세례를 받더라"(행 18:8).

세례란 그리스도를 믿는다고 행위로 광고하는 것입니다. "나는 예수 그리스도를 부끄러워하지 않습니다"라고 말하는 것입니다. 예수님은 이런 말씀을 하셨습니다. "만일 너희가 세상에서 나를 부끄러워하면 나도 하늘에 계신 내 아버지 앞에서 너희를 부끄러워하리라."

혹시 머리가 젖기 싫어서 세례를 안 받으려는 사람들을 알고 계십니까? 여러분도 그 정도로 예수 그리스도를 부끄러워합니까? 성경은 말씀합니다.

"우리가 그의 계명을 <u>지키면</u> 이로써 우리가 그를 아는 줄로 알 것이요"(요일 2:3).

'지키면'에 밑줄 치십시오. 예수님의 말씀을 순종한다는 말입니다. 여러분이 그리스도인이라는 것을 어떻게 입증하겠습니까? 여러분이 그분의 명령을 순종할 때만 가능합니다. 그분이 하신 첫 명령 가운데 세례가 포함되어 있다는 것을 명심하시기 바랍니다.

2. 세례(침례)의 의미는 무엇입니까?

세례는 두 가지 의미를 가지고 있습니다.

1) 세례(침례)는 그리스도의 <u>죽음</u>과 부활을 비유로 나타냅니다.

" …그리스도께서 우리 죄를 위하여 <u>죽으시고 장사 지낸 바</u> 되셨다 가…사흘 만에 다시 살아나사"(고전 15:3-4).

'죽으시고 장사 지낸 바에 밑줄 치십시오.

"그러므로 우리가 그의 죽으심과 합하여 세례를 받음으로 <u>그와 함께 장사되었나니</u> 이는 아버지의 영광으로 말미암아 그리스도를 죽은 자 가운데서 살리심과 같이 우리로 또한 새 생명 가운데서 행하게 하려 함이라"(롬 6:4).

'그와 함께 장사되었나니'에 밑줄 치십시오. '예수님의 죽으심' 그리고 '장사되심', 이것을 비유적으로 나타내는 것이 세례입니다. 예수 믿는 사람은 이미 죽었다가 부활한 사람입니다. 이 사실을 비밀스럽게 나 혼자만 간직하는 것이 아니라 사람들 앞에 공개하는 것이 세례입니다. 물속에 들어가 있다는 사실은 자기가 죽은 것을 나타내고, 거기서 나온다는 사실은 다시 살아났다는 것을 의미합니다.

결혼한 부부가 '우리가 결혼한 사실을 우리 둘 만 알고 있자'라고 하지 않습니다. 결혼 사실을 공개적 선포하고 그 기쁨을 누리며 나눕니다. 세례식은 구원받은 기쁨과 감격을 공개적으로 나타내며 기쁨을 누리는 것입니다.

"너희가 세례로 그리스도와 함께 장사되고 또 죽은 자들 가운데서 그를 일으키신 하나님의 역사를 믿음으로 말미암아 그 안에서 함께 <u>일으키심을 받았느니라</u>"(골 2:12).

'일으키심을 받았느니라'에 밑줄 치십시오. 그리스도 안에서 내가 죽었다가 다시 살아났다는 것입니다. 세례(침례)는 그리스도인의 본질을 말해 주고 있습니다. 그리스도인의 본질은 죽었다가 다시 살아난 사람, 새 생명을 가진 사람이라는 것입니다. 우리가 예수를 믿을 때 우리의 과거는 죽었고 그리스도 안에서 새 생명을 얻었다고 성경은 가르쳐 주고 있습니다. 이 사실을 세례(침례)를 통해서 온 몸으로 깨닫고 감사하면서 공개적으로 하나님을 찬양해야 합니다.

2) 세례(침례)는 그리스도인이 받은 새 생명(새로운 삶)을 비유로 나타냅니다.

"그런즉 누구든지 그리스도 안에 있으면 새로운 피조물이라 이전 것은 지나갔으니 보라 새것이 되었도다"(고후 5:17).

'새로운 피조물'에 밑줄 치십시오.

"누구든지 그리스도와 합하기 위하여 세례를 받은 자는 그리스도로 옷 입었느니라"(갈 3:27).

'그리스도로 옷 입었느니라'에 밑줄 치십시오.

"그러므로 우리가 그의 죽으심과 합하여 세례를 받음으로 그와 함께 장사되었나니 이는 아버지의 영광으로 말미암아 그리스도를 죽은 자 가운데서 살리심과 같이 우리로 또한 새 생명 가운데서 행하게 하려 함이라"(롬 6:4).

'새 생명'에 밑줄 치십시오. 세례(침례)는 옛 삶이 죽었음을 나타낼 뿐만 아니라 새로운 피조물이 되어 그리스도로 옷 입고 새로운 생명으로 산다는 것을 공개적으로 세상에 알리는 의식입니다.

① 세례(침례)가 당신을 믿는 자로 만드는 것이 아닙니다.

세례(침례)는 "당신이 이미 예수님을 믿는 자라는 사실"을 <u>보여 주는 것</u>입니다.

'보여 주는 것'에 밑줄 치세요. 세례가 여러분을 그리스도인이 되게 만들지 못합니다. 세례는 내적 헌신의 외적인 상징에 불과합니다. 여러분을 구원하는 것은 그리스도께 대한 여러분의 헌신입니다. 세례는 다만 세상을 향해 "나는 나에게 일어난 일을 온 세상에 말하기를 부끄러워하지 않습니다. 나는 내 생을 그리스도께 드렸습니다"라고 말하는 것입니다.

② 세례(침례)가 당신을 "구원"하는 것이 아닙니다.
　　그리스도를 믿는 당신의 믿음만이 당신을 구원할 수 있습니다.

55페이지 ③번을 함께 읽어 보겠습니다.

③ 세례(침례)는 마치 결혼반지와 같습니다.
　　결혼반지는 당신이 마음으로 이미 헌신의 결단을 내린 사실을 외적으로 보여 주는 것이기 때문입니다.

결혼반지가 나를 결혼한 상태로 만드는 것은 아닙니다. 그것은 단지 결혼이라는 서약의 상징입니다. 신랑은 하나님과 많은 사람들 앞에서 신부에게 서약을 합니다. 신랑은 "예, 내가 그렇게 하겠습니다"라고 대답하면서 하나님 앞에서 인생을 신부에게 맡기는 것입니다. 그 서약이 남편을 결혼한 상태로 있게 만드는 것이지 결혼반지가 그렇게 하는 것은 아닙니다. 혹시 결혼반지를 잃어버린다 해도 그는 여전히 결혼한 상태로 남아 있을 것입니다. 반지는 내적 헌신의 외적 상징입니다.

"너희는 그 은혜에 의하여 믿음으로 말미암아 구원을 받았으니 이것은 너희에게서 난 것이 아니요 하나님의 선물이라 행위에서 난 것이 아니니 이는 누구든지 자랑하지 못하게 함이라"(엡 2:8-9)

3) 세례(침례)는 내가 그리스도의 몸인 교회에 지체로 연합된 사실을 보여 줍니다.

> **인도자를 위한 팁**
>
> 101과정을 마쳤다고 해서 자동적으로 그들이 이 교회에 속했다는 소속감을 주지는 않는다. 그들이 당신의 교회에 속하게 되면 그들을 마음껏 환영해 주고 교회가 그들을 원한다는 것을 느끼게 해 주어야 한다. 그들은 자신들이 특별한 사람들이라는 것을 느끼고 싶어 한다. 따라서 일종의 '입회식' 같은 것을 만들 필요가 있다. 새들백 교회는 신자들을 위한 세례(침례)식이 이러한 목적에 알맞은 예식이라고 생각한다. 세례(침례)가 아니더라도 교회의 정식 등록교인이 된 것을 축하하는 행사를 준비하도록 하라.

"우리가 유대인이나 헬라인이나 종이나 자유인이나 다 한 성령으로 세례를 받아 한 몸이 되었고 또 다 한 성령을 마시게 하셨느니라" (고전 12:13).

'한 성령으로 세례를 받아'에 밑줄 치십시오. 이 말의 뜻은 무엇입니까? 세례(침례)는 어느 한 교회 공동체에 가족의 일원이 되었다는 사실을 말하는 것입니다. 은혜로 받은 구원으로 인해 우리는 하나님 나라의 일원이 됩니다. 그리고 세례(침례)식이라는 축제적 의식을 통해서 우리는 공개적으로 교회 공동체의 일원이 되는 것입니다.

3. 누가 세례(침례)를 받아야 합니까?

1) "그리스도를 믿는 모든 사람들입니다."

"그 말을 받은 사람들은 세례를 받으매 이 날에 신도의 수가 삼천이나 더하더라"(행 2:41).

"빌립이 하나님 나라와 및 예수 그리스도의 이름에 관하여 전도함을 그들이 믿고 남녀가 다 세례를 받으니"(행 8:12).

"시몬도 <u>믿고 세례를 받은 후에</u> 전심으로 빌립을 따라다니며…"(행 8:13).

'믿고 세례를 받은 후에'에 밑줄 치십시오. 성경에서는 그리스도인이 되라고 하면서 세례는 받지 않아도 된다고 하지 않습니다. 세례는 자동적이었습니다. 성경 속 인물들은 그리스도께 삶을 드리면 곧 세례를 받았습니다. 신약에서는 사람들이 믿는 순간 세례(침례)를 받았습니다. 오순절에는 3천 명의 사람들이 이 그리스도를 받아들인 날 세례(침례)를 받았습니다. 에티오피아의 한 지도자는 개종한 그 순간 바로 그곳에서 세례를 받았고, 바울과 실라는 빌립보의 간수와 그의 가족에게 자정이 된 늦은 밤이었지만 세례를 주었습니다. 신약에서 세례(침례)를 뒤로 미룬 경우는 단 한 번 도 없었다. 만일 그리스도에 대한 믿음의 표현이자 예수님의 명령인 세례(침례)를 아직 받지 않았다면 즉시 받도록 하십시오.

> **인도자를 위한 팁**
>
> 새들백 교회에서는 101과정이 끝난 다음에 세례를 받는 사람도 있고, 101과정 이전에 받는 사람도 있다. 새들백 교회는 예수를 믿으면 언제든지 세례를 받을 수 있도록 권하고 있고, 세례를 줄 준비가 되어 있다. 인도자는 각자가 섬기는 교회에서 시행하는 세례에 관한 일정한 규칙을 따라야 할 것이다. 이 교재의 내용을 참고해서 설명하기 바란다.

구원의 두 가지 상징 중 그 첫 번째로 세례에 관해 이야기를 나누었습니다. 두 번째 상징은 주님의 성만찬 예식입니다. 56페이지를 펴시기 바랍니다.

III. 하나님의 가족과의 친교 : 성찬

예수님은 제자들에게 자신의 생일을 기억하라고 말씀하신 적이 없습니다. 그러나 예수님은 제자들에게 자신의 죽음과 부활을 기억하라고 가르치셨습니다. 예수님은 자신의 죽음을 기억하기 위해 두 가지 시각적 상징("예식")을 주셨습니다. 이 두 가지 예식은 세례(침례)와 성찬입니다. 성찬은 성도들에게 놀라운 영적 진리를 나타내 줍니다.

우리는 세례가 여러분을 구한다고 생각하지 않습니다. 성찬 역시 마찬가지입니다. 성경은 세례와 성찬이 여러분에게 구원을 얻게 해 주는 것이 아니라 구원받은 것을 보여 주는 상징이라고 말합니다. 그러므로 하나님이 그리스도인들에게 예수님의 죽음을 기억하도록 명하셨다는 의미에서 우리는 그것을 예식(ordinances)이라고 말합니다.

성만찬 예식은 위대한 영적 진리를 포함하고 있는 객관적인 교훈입니다. 성만찬 예식은 무엇입니까?

1. 성찬이란 무엇입니까?(고전 11:23-26)

1) 복잡한 예식이 아니라 <u>단순한</u> 예식입니다.

"내가 너희에게 전한 것은 주께 받은 것이니 곧 주 예수께서 잡히시던 밤에 <u>떡을 가지사</u>"(23절).

'떡을 가지사'에 밑줄 치십시오. 중세 때에는 아주 세밀한 부분까지 성찬식이 발전을 했으나, 예수님은 거창한 축하 순서나 특별한 의상, 향료나 멋진 의식들을 갖추지 않았습니다. 성만찬은 매우 단순한 예식입니다. 그분은 떡과 포도주를 사람들에게 나누어 주셨습니다. 거창하고 복잡한 의식이 아니었습니다. 우리 교회는 성만찬 예식을 할 때 거창한 의식으로 바꾸지 않습니다. 우리는 다만 예수님이 보여 주신 정도의 요소만 갖춥니다.

2) 예수님을 <u>기억</u>나게 하는 예식입니다.

"축사하시고 떼어 이르시되 이것은 너희를 위하는 내 몸이니 이것을 행하여 <u>나를 기념하라</u> 하시고"(24절).

'나를 기념하라'에 밑줄 치십시오. 이것은 기억하라는 뜻입니다. 성만찬의 목적은 우리가 예수님이 십자가에서 행하신 일을 기억하는 것입니다.

3) <u>상징(하는 것)</u>입니다.

"식후에 또한 그와 같이 잔을 가지시고 이르시되 <u>이 잔</u>은 내 피로 세운 새 언약이니 이것을 행하여 마실 때마다 나를 기념하라 하셨으니"(25절).

'이 잔'에 밑줄 치십시오. 예수님이 '이 떡은 내 몸이요, 이 잔은 내 피'라고 말씀하신 것을 문자적으로 받아들이면 안 됩니다. 예수님이 이 말씀을 하실 때는 아직 십자가를 지시기 전이었습니다. 아직 죽으시기 전이었다는 말입니다. 따라서 그분은 실제적인 피보다 하나의 상징에 대해 이야기하셨던 것이 분명합니다. 그분은 아직 십자가를 지시지 않으셨습니다.

제가 지갑을 꺼내서 여러분에게 사진을 보여 주며 "이 사람이 제 아내입니다"라고 말한다고 해서 여러분이 인화지 위에 화학적으로 처리된 사진을 제 아내라고 생각하지는 않을 것입니다. 제 말을 충분히 이해하셨을 것입니다. 사진은 단지 제 아내를 보여줄 뿐입니다.

예수님은 "나는 문이라"고 말씀하신 적이 있습니다. 그분이 나무 조각으로 되어 있다는 것입니까? 그분은 "생명의 떡이라"고 말씀하셨습니다. 그분이 빵 조각이라는 것입니까? 그렇지 않습니다. 단지 상징적인 의미를 부여하고 있을 뿐입니다. 그분이 이것은 너희를 위하는 내 몸이라 하실 때 그것은 상징이 됩니다.

4) <u>믿음(신앙고백)</u>의 표현입니다.

"너희가 이 떡을 먹으며 이 잔을 마실 때마다 <u>주의 죽으심</u>을 그가 오실 때까지 <u>전하는 것</u>이니라"(26절).

'주의 죽으심', '전하는 것'에 밑줄 치십시오. 여러분이 성만찬 예식을 한다는 것은 설교를 한다는 뜻입니다. 거기에는 미래에 대한 조망과 과거에 대한 회상이 있습니다. 우리는 예수님이 다시 오실 것을 고대해야 합니다. 예수님은 자신이 다시 올 때까지 이 예식을 행하라고 하셨습니다. 그리고 우리는 십자가를 바라봅니다. 예수님은 무덤에 머물러 계시지 않으셨습니다. 그분은 반드시 다시 오실 것입니다.
57페이지 위쪽을 보시기 바랍니다.

2. 누가 성찬에 참여할 수 있습니까?

1) 이미 <u>믿는</u> 사람들만 참여할 수 있습니다(막 14:22-26 참조).

예수님이 첫 성만찬을 베푸셨을 때 그곳에는 이미 믿는 자들만 있었습니다. 그분은 오병이어의 기적을 베푸셨던 5천 명에게 성만찬을 행하신 것이 아니었습니다. 그분은 진정한 신자라고 인정하시는 열두 명의 제자들에게만 성만찬을 베푸셨습니다.

"주의 몸을 <u>분별하지 못하고 먹고 마시는 자</u>는 자기의 죄를 먹고 마시는 것이니라"(고전 11:29).

'분별하지 못하고 먹고 마시는 자'에 밑줄 치십시오. 그들은 잊기 위해 술을 마시지만 그리스도인은 기억하기 위해 잔을 마십니다. 그리고 우리는 예수님이 우리를 위해 행하신 일을 기억합니다.

> **새들백 이야기 :**
> 새들백 교회의 주일 아침 예배는 '구도자 예배' 혹은 '전도 집회'라고 할 수 있다. 구도자 예배는 불신자와 예수님을 모르는 친구들을 데려오는 예배다. 사실 성경은 불신자가 주의 성찬에 참석하면 그가 스스로를 정죄하게 된다고 말씀한다. 따라서 새들백 교회는 주일 아침에는 성만찬을 행하지 않는다. 새들백 교회는 불신자가 더 많은 죄를 짓게 되기를 원치 않기 때문에 주일 아침에 성만찬을 갖지 않는 것이다.
> 그러나 새들백 교회도 일 년에 두 번 정도는 주일 아침 예배 때 성만찬 예식을 갖는다. 보통 송구영신 예배를 드린 다음 주일처럼 방문객들이 많지 않은 주일에 성만찬 예식을 갖는다.
> 새들백 교회는 신자들만 있을 때 성만찬을 가진다. 수요일 밤에 주중 예배를 드릴 때 한 달에 한 번 정도, 그리고 등록교인들만 모이는 큰 파티에서 성만찬 예식을 거행한다.

자연스럽게 우리는 다음과 같은 질문을 할 수 있을 것입니다. 함께 질문을 읽어 보겠습니다.

3. 성찬에 참여하려면 어떻게 준비해야 합니까?

"그러므로 누구든지 주의 떡이나 잔을 합당하지 않게 먹고 마시는 자는 주의 몸과 피에 대하여 죄를 짓는 것이니라 <u>사람이 자기를 살피고 그 후에야</u> 이 떡을 먹고 이 잔을 마실지니"(고전 11:27-28).

'사람이 자기를 살피고 그 후에야'에 밑줄 치십시오. 우리 교회에서는 성만찬을 하기 전에 기도와 자기점검의 시간을 갖습니다. "하나님, 제 삶 속에서 고백해야 할 어떤 것이 있다면 떡 받기 전에 제게 알려주시기 원합니다"라고 함께 기도드립니다. 성경에서 성만찬에 참여할 때마다 자신을 살펴야 한다고 가르치기 때문입니다.

1) 다음과 같은 방법으로 성찬에 참여하는 준비를 할 수 있습니다.
   ① 자기 자신을 살핍니다(고전 11:28).
   ② 자신의 죄를 고백합니다(요일 1:9).
   ③ 재 헌신합니다(롬 12:1).
   ④ 관계를 회복합니다(마 5:23-24).

위의 성경구절에 근거해서 다음과 같이 기도하시기 바랍니다.
   "하나님, 제 생활 속에 변화되어야 할 것이 있다면 알려 주십시오."
   "하나님은 죄를 고백하면 모든 불의에서 우리를 건져 주실 줄 믿습니다."
   "저의 몸과 마음을 다시 하나님 나라를 위해서 사용하옵소서."
   "하나님 OOO와의 관계를 회복하고 싶습니다. 적당한 기회를 허락하옵소서."

성경은 다른 사람에게 뭔가 거리끼는 것이 있는 사람은 (화가 났다거나 분노하고 있다거나 원한을 품었다거나) 성만찬에 참여하면 안 된다고 말합니다. 사실은 헌금조차도 드려서는 안 된다고 말합니다. 먼저 가서 그 사람과 화해하고 잘못된 일은 바로잡은 후에 다시 와서 경배하라고 말합니다.

4. 얼마나 자주 성찬을 가집니까?

예수님은 성도들이 언제 그리고 얼마나 자주 성찬을 가져야 할 것인지에 대해 말씀하신 적이 없습니다.

이 문제에 대해서는 성경이 말하는 바가 아무것도 없습니다. 얼마나 자주 성만찬 예식을 거행해야 하는지에 대해서는 어떤 규칙도 찾아볼 수 없습니다. "주일마다 성만찬을 행해야 한다"는 규칙을 들어보셨다면 그건 인간이 만든 규칙입니다. 성경에는 그런 규칙이 없습니다. 혹은 "성만찬 예식은 한 달에 한 번 해야 한다"는 규칙 또한 인간이 만든 규칙입니다. 성경에는 그런 규칙이 없습니다. 예수님께서는 언제 그리고 얼마나 자주 믿는 자들이 성만찬을 지켜야 하는지 한 번도 말씀하시지 않았습

니다. 예수님께서는 성만찬을 목요일 밤에 행하셨습니다. 첫 번째 성만찬이 저녁 때 행해졌으므로 아침보다는 저녁 예배시간에 거행하는 것이 더 적당하다고 생각합니다. 사도행전 2장의 성도들은 그들의 집에서 떡을 떼었습니다.

IV. 영적 가족의 지체가 되는 것

"예배 출석자"와 "등록교인"의 차이점은 헌신이라는 한 단어로 요약될 수 있습니다.

출석교인과 등록교인의 차이는 동거와 결혼의 차이라고 이해하면 됩니다. 동거에는 헌신의 다짐이 없습니다. 언제든 돌아설 수 있습니다. 그러나 결혼은 헌신을 수반합니다.

우리는 교회에서 등록교인의 기준을 세우는 것이 필요하다고 생각합니다. 다음과 같은 4가지 이유 때문에 여러분이 교회에 등록하시기를 부탁드립니다.

1. 성경적 이유 : 그리스도께서 교회에 헌신하셨습니다.

예수님은 헌신한 교회에 대해 순종하셨다는 것을 우리에게 보여 주셨습니다. 성경은 이렇게 말합니다.

> "…그리스도께서 교회를 사랑하시고 교회를 위하여 자신을 바치신 것처럼…"(엡 5:25, 현대).

가끔 "예수님은 좋지만 교회는 싫어요." 혹은, "그리스도께는 헌신했어요. 그러나 지역 교회에는 헌신하고 싶지 않아요." 혹은, "예수님은 좋아요. 그러나 교회는 필요 없어요." 등의 말을 듣는 경우가 있습니다. 이런 말을 들을 때마다 아직 그가 연약한 성도라는 생각을 하게 됩니다. 그리스도인 성숙할수록 교회를 향한 사랑이 커집니다. 그리스도인으로서 더 많이 성숙할수록 교회를 더 많이 사랑하게 됩니다.

교회는 그리스도의 신부이며 그리스도의 몸이라는 것이 성경의 가르침입니다. 만일 어떤 사람이 여러분에게 "너는 참 좋아. 그렇지만 너의 몸은 너무 싫어"라고 말한다면 얼마나 화가 나겠습니까? 이 말은 "예수님은 사랑해. 그렇지만 교회는 필요 없어"라는 말과 별반 다르지 않습니다. 성경은 예수님께서 교회를 위해 죽으셨다고 말합니다. 그분은 교회를 위해 그의 생명을 드렸습니다. 여러분이 그리스도를 닮으면 닮을수록 여러분도 교회를 위해 여러분의 생명을 드리기 원할 것입니다. 교회는 물론 완전하지 않습니다. 그러나 그 완전하지 못한 교회가 예수님이 생명을 드려 사신 교회입니다. 예수님처럼 되기 원하십니까? 그분처럼 교회에 헌신하십시오.

2. 문화적 이유 : 우리 사회에 대한 <u>해독제(교정 수단)</u>입니다.

우리는 결혼이든 직장이든 국가든 간에 그 어느 것에도 헌신하지 않으려는 시대에 살고 있습니다. 이런 태도는 교회에까지 파고 들어와 마치 여기저기서 물건을 구매하듯 여러 교회를 떠돌아다니는 사람들을 만들어 내고 있습니다. 교회 등록은 이런 '소비자 중심 종교'의 풍조를 역류하는 것입니다. 교회 등록은 이기적인 결정이 아니라 이타적인 결정입니다. 헌신은 늘 인격을 향상시켜 줍니다.

3. 실제적 이유 : 누가 <u>가족</u>인지를 알게 해줍니다.

모든 팀에는 선수들의 명단이 있습니다. 모든 학교에는 학생 등록 명부가 있습니다. 모든 사업체에는 임금을 받을 직원들의 명단이 있습니다. 모든 군대에는 군인 명단이 있습니다. 국가는 인구통계를 내고 투표자들에게 선거인 명부 등록을 하게 합니다. 교회 등록은 우리의 영적 가족인 교회의 지체들이 누구인지 알도록 해줍니다.

4. 개인적 이유 : 영적으로 자라게 합니다.

신약 성경은 모든 그리스도인들이 서로의 영적 성장에 책임을 져야 할 필요성을 크게 강조하고 있습니다. 여러분이 어느 교회 가족에도 헌신하지 않는다면 이런 귀한 책임을 나눌 수 없게 됩니다.

종이 위에 이름을 쓰고 나면 그것으로 끝나는 그런 일종의 의식이라 생각하신다면 크게 오해하고 계신 것입니다. 우리 교회에서 등록은 여러분의 개인적 발전을 향한 첫걸음입니다. 먼저 여러분의 삶을 그리스도께 헌신하십시오. 그러나 이것은 여러분의 영적 성장에 있어 첫걸음에 불과합니다. 다음에는 여러분 자신을 그리스도의 가족, 즉 성도들의 모임에 헌신하셔야 합니다. 다른 그리스도인들이 싫다고요? 하늘나라도 싫으시겠군요. 거기 가면 싫어하는 사람들만 모여 있지 않겠습니까? 지금 다른 그리스도인들을 위해 헌신하기가 싫으십니까? 하늘나라에서 무엇으로 기뻐하실 생각입니까?

지체로서 내게 기대되는 것은 무엇입니까?

우리 교회는 결코 성경이 명확하게 가르치는 것 이상으로 더 많은 것을 지체들에게 요구하지 않습니다. 우리는 성경이 모든 그리스도인에게 가르치는 것을 우리 지체들이 잘할 수 있도록 기대할 뿐입니다. 우리 교회의 지체들이 함께할 책임은 다음의 "등록교인 서약"에 자세히 나와 있습니다.

'등록교인 서약'은 60페이지에 잘 나와 있습니다.

> 인도자를 위한 팁
>
> 등록교인 서약을 꼼꼼히 읽어 보고 난 후에 다음 페이지의 등록 신청서를 기록해서 제출하도록 하라. 다음에 제시된 등록교인 서약은 일반적으로 사용될 수 있다. 교회의 상황에 따라 다른 내용이 첨가 되어야 한다면 다른 서식을 준비해야 할 것이다. 서약한 내용을 확인할 수 있도록 명함크기의 서약카드를 만들어 휴대하기에 간편하게 하는 것도 좋다.
>
> 새들백 교회에서 등록교인이 되기 위해서는 네 가지 요구사항을 충족시켜야 한다.
> ① 예수 그리스도를 개인적으로 구세주와 삶의 주인으로 고백하는 것.
> ② 믿음의 공적인 표현으로 세례(침례)를 받는 것.
> ③ 101과정을 수료하는 것.
> ④ 새들백 교회 등록교인 서약에 동의하고 서명을 하는 것.
>
> 이 '등록교인 서약서'에 서명을 하고 나서야 공식적으로 새들백 교회 교인이 될 수 있다. 그리고 등록교인이 된 사람만이 201과정에 등록할 수 있다.

등록교인 서약

오늘날 많은 교회들이 교회 지체가 되면 성도로서 무엇이 요구되고 어떻게 행해야 하는지 분명하게 설명해 주지 못하고 있습니다. 그러나 우리 교회는 다음의 서약을 통해서 우리 교회의 등록교인으로서 무엇을 해야 하는지 분명하게 제시하고 있습니다.

나는 그리스도를 나의 주님과 구원자로 영접하고 세례(침례)를 받았으며, 우리 교회의 목적 진술과 전략 및 구조에 동의하고, 지금 성령님께서 나를 우리 교회 가족과 하나가 되도록 이끄시는 것을 느낍니다. 따라서 나는 나 자신을 하나님과 다른 지체들에게 헌신하면서 다음 사항을 실천하기로 서약합니다.

1. 나는 본 교회의 하나 됨을 굳게 지키겠습니다.

1) 다른 지체들에 대해 사랑을 실천하겠습니다.
"그러므로 우리가 화평의 일과 서로 덕을 세우는 일을 힘쓰나니"(롬 14:19).

"인내심과 위로를 주시는 하나님께서, 여러분이 그리스도 예수를 본받아 같은 생각을 품게 하시고"(롬 15:5, 새번역).

"너희가 진리를 순종함으로 너희 영혼을 깨끗하게 하여 거짓이 없이 형제를 사랑하기에 이르렀으니 마음으로 뜨겁게 서로 사랑하라"(벧전 1:22).

교회에 등록하시면 참 많은 사람이 이 교회에 속해 있다는 것을 금방 알아챌 수 있습니다. 불완전한 사람들이 여기저기에

있다는 것도 보게 될 것입니다. 그 불완전한 사람도 사랑해야 합니까? 예, 물론입니다. 그것이 헌신입니다. 우리 교회의 교우들을 사랑할 마음이 없다면 등록을 자제해 주십시오. 그런 분은 저희가 원치 않습니다. 이 교회에 속한 성도들을 사랑하는 일에 헌신하지 않겠다면 등록하지 마십시오. 저희는 그런 분의 등록을 받지 않겠습니다.

2) 험담을 거부하겠습니다.

"나쁜 말은 입 밖에 내지 말고, 덕을 세우는 데에 필요한 말이 있으면, 적절한 때에 해서, 듣는 사람에게 은혜가 되게 하십시오"(엡 4:29, 새번역).

교회를 파괴하는 험담의 힘은 다른 어떤 무엇보다도 강력합니다. 험담이란 그 문제의 당사자도 아니고, 그 문제에 대해 해결할 수 있는 사람도 아니면서 그 문제에 관해 얘기하는 행위를 일컫는 말입니다. 성경은 이런 행위를 죄라고 말합니다. 이 교회의 등록교인이 되기 원하신다면 험담하지 않겠다고 약속하십시오. 우리 교회는 한 그룹의 사람들이 다른 그룹의 사람들을 향해 분노를 품는 일이 한 번도 없었습니다. 왜? 험담을 허용하지 않았기 때문입니다(우리 교회는 허용하지 않기 때문에 건강하게 성장하고 있습니다). 어떤 사람에 관해 무엇인가를 듣게 된다면 이렇게 하십시오.

1. 문제 당사자에게 곧바로 가서 이야기하십시오. 김 집사에 관한 이야기는 김 집사에게 하십시오.
2. 교역자에게 전화하십시오. 전화번호는 주소록에 실려 있습니다. 저희 교역자들이 문제를 해결할 수 있을지는 모르지만 최소한 여러분에게서 소문이 시작되는 일은 없어야 합니다.

3) 지도자들을 따르겠습니다.

"여러분은 지도자들의 말을 잘 듣고 그들에게 복종하십시오. 그들은 자기들이 한 일을 하나님께 보고해야 할 사람들이므로 정신을 바짝 차리고 여러분의 영혼을 보살핍니다. 그러므로 그들이 이 일을 괴로운 마음으로 하지 않고 기쁨으로 하게 하십시오. 그렇게 하지 않으면 여러분에게 유익이 없습니다"(히 13:17, 현대).

이 성구는 참으로 두려운 말씀입니다. "여러분은 지도자들의 말을 잘 듣고 그들에게 복종하십시오"라는 부분이 아니라 "그들은 자기들이 한 일을 하나님께 보고해야 할 사람들이므로 정신을 바짝 차리고 여러분의 영혼을 보살핍니다"라는 부분 때문에 참으로 두렵습니다. 이 구절을 목회자 편에서 생각하면 이렇습니다. 저 ○○○(101과정 인도자)이 예수 그리스도 앞에 서게 되는 그날에 이 양 무리의 일원이 되기로 선택한 여러분의 영적 성장을 어떻게 도왔는지 주님께 설명해야 한다는 뜻입니다. 이 책임은 결코 가볍게 여겨서는 안 될 중요한 일입니다. 그래서 두렵습니다. 어느 날인가 우리 교회 모든 교역자들이 예수 그리스도 앞에 서서 교회의 가족들을 어떻게 섬겼는지에 대해 설명해야 할 것입니다. 이 교회에 등록하지 않고 그저 주일 예배 출석교인으로 남아 있는 사람에 대해서는 저에게 책임이 없습니다. 그러나 여러분이 "○○○목사님과 다른 교역자들의 지도와 보호 아래에 있는 이 교회에 등록하겠습니다"라고 선택을 결정하게 되면, 우리 교회 교역자들은 예수 그리스도 앞에 서는 그날 여러분의 성숙을 돕기 위해 무슨 일을 했는지 보고서를 제출해야 할 것입니다.

우리 교역자들은 사실 이 교회를 이끌 만큼 현명하지는 않습니다. 이 교회에 등록하기로 결정하셨다면 부디 담임목사와 다른 교역자들을 위해 기도해 주십시오. 진심으로 부탁드립니다. 등록교인이 되시면 여러분의 목회자를 위해 규칙적으로 기도해 주십시오. 교회를 잘못된 길로 이끌지 않도록 시간을 정해 기도해 주십시오.

2. 나는 본 교회의 책임을 나눠지겠습니다.

1) 교회의 성장을 위해 기도하겠습니다.
"우리가 너희 모두로 말미암아 항상 하나님께 감사하며 기도할 때에 너희를 기억함은"(살전 1:2).

2) 불신자들을 예배에 참석하도록 초대하겠습니다.
"주인이 종에게 이르되 길과 산울타리 가로 나가서 사람을 강권하여 데려다가 내 집을 채우라"(눅 14:23).

> 인도자를 위한 팁
>
> 새들백 교회에서는 성도로서의 시작 단계인 101과정에서부터 소속 교인이 된다는 것이 단지 예배에만 참석하는 것이 아니라는 사실을 분명하게 밝힌다. 모든 교인들이 다 전도의 사명에 헌신되어야 한다고 여기는 것이다.

3) 방문하는 사람들을 따뜻하게 환영하겠습니다.
"그리스도께서 우리를 받아 하나님께 영광을 돌리심과 같이 너희도 서로 받으라"(롬 15:7).

출석교인과 등록교인의 차이점은 유람선을 타고 있는 사람들의 이야기로도 설명될 수 있습니다. 출석교인이 배를 타는 동안에만 동행하는 손님들이라면 등록교인은 그 배의 승무원과도 같습니다. 승무원은 손님들처럼 배 위에 가만히 서 있지 않

습니다. 그들은 손님들을 배 안으로 안내합니다. 교회의 성장을 위해 기도하십시오. 불신자들을 교회로 초대하십시오. 방문객들을 친절하게 환영하십시오.

새들백 이야기 : 새들백 교회 안내 전통

새들백 교회의 안내위원들은 크게 두 그룹으로 나누어진다.

① **안내에 헌신한 사람들** : 이들은 모두 쾌활한 성격의 소유자로 사람들에게 인사하기를 좋아하는 사람들이다. 항상 문 가까이 서 있으면서 들어오는 교우들에게 인사한다. 새들백 교회는 사람들이 교회 문을 들어서기 이전에 이미 최소한 세 사람과 악수할 수 있도록 한다. 어떤 방문객이 교회를 찾았다가 교회 문에 들어서기도 전에 세 명의 사람들로부터 인사를 받는다면 "세상에서 가장 우호적인 분위기의 교회에 왔구나"라고 생각할 것이다.

② **101과정을 수료한 사람들** : 101과정 수료자들은 누구나 다음 한 달 동안 안내위원이 된다. 평소에 참석하는 예배 시간에 오도록 한다. 단 15분 정도 일찍 와서 지나가는 교우들에게 인사하는 것이다.

이 전통은 두 가지의 의미를 갖는다. 첫째, 등록교인으로서의 첫 번째 사역이 된다. 이 일은 누구나 할 수 있기 때문이다. 둘째, 이 봉사를 통해 사람을 만나게 되고 교제권을 형성하게 된다.

주의해야 할 것은 교회 마당에 우르르 몰려서서 "우리는 인사하러 다니는 사람들입니다"라고 티내지 않도록 해야 한다는 것이다. 평소에 다니던 곳에 자연스럽게 서서 오는 사람들을 반갑게 맞고 인사하도록 광고한다.

> 우리의 시간과 재능, 그리고 재물을 드리는 것은 성도로서 마땅히 행할 바다. 결코 이 부분을 뒤로 미루지 말라. 특히 성도들에게 처음부터 섬김의 기회를 갖도록 하는 것이 매우 중요하다. 섬김을 통해 그들은 진정한 소속감을 갖게 될 것이다. 새들백 교회에서는 새신자들에게 사역의 기회들을 신속하게 제공한다. 물론 이들 사역들은 영적 훈련이나 멤버십 훈련 과정이 없이도 가능한 사역들이다. 예를 들어, 교통봉사나 안내, 베이비 케어, 단순 사무 업무 등이다.

3. 나는 본 교회의 <u>사역</u>에 참여하여 섬기겠습니다.

1) 나의 은사와 재능을 발견하겠습니다.
   "각각 은사를 받은 대로…서로 봉사하라"(벧전 4:10).

2) 목회자들을 통해 섬기는 훈련을 받겠습니다.
   "그가 어떤 사람은…목사와 교사로 삼으셨으니 이는 성도를 온전하게 하여 봉사의 일을 하게 하며 그리스도의 몸을 세우려 하심이라"(엡 4:11-12).

3) 섬기는 마음을 개발하겠습니다.
   "각각 자기 일을 돌볼뿐더러 또한 각각 다른 사람들의 일을 돌보아 나의 기쁨을 충만하게 하라…(그리스도는) 오히려 자기를 비워 종의 형체를 가지사 사람들과 같이 되셨고"(빌 2:4, 7).

4. 나는 본 교회의 간증이 되도록 힘쓰겠습니다.

1) 신실하게 참석하겠습니다.
"모이기를 폐하는 어떤 사람들의 습관과 같이 하지 말고 오직 권하여 그날이 가까움을 볼수록 더욱 그리하자"(히 10:25).

2) 경건한 삶을 살겠습니다.
"너희는 그리스도의 복음에 합당하게 생활하라"(빌 1:27).

3) 정기적으로 헌금하겠습니다.
"매주의 첫 날에, 여러분이 수입으로 번 것의 얼마를 구별해서 헌금으로 드리십시오. 금액은 주님께서 여러분이 벌 수 있도록 얼마나 많이 도와 주셨는지를 따르면 됩니다"(고전 16:2, LB 번역).

"그 땅의 십분의 일 곧 그 땅의 곡식이나 나무의 열매는 그 십분의 일은 여호와의 것이니 여호와의 성물이라"(레 27:30).

"이제부터 너희는 외인도 아니요 나그네도 아니요 오직 성도들과 동일한 시민이요 하나님의 권속이라"(엡 2:19).

_____년 _____월 _____일

서약자 : _____

인도자를 위한 팁

101과정을 통해서 우리 교회의 교인이 되는 것이 매우 중요한 일이며 진지하게 결단해야 할 일이라는 사실을 숨기지 않고 전달해야 한다. 하지만, 참석자들에게 그 자리, 그 시간에 이 문제를 결단하도록 강요하지는 말아야 한다. 자원하는 사람에게 '등록 신청서'를 작성하여 교회 사무실이나 101과정 도우미에게 제출하도록 하라.

서명한 '등록교인 서약서'를 제출하면, 담임목사가 서명하고 코팅한 후에 다시 되돌려 주어야 한다. 서약서 형식을 명함 크기로 만들어 항상 휴대하고 다닐 수 있도록 하면 좋다. 최신 소식과 사역에 대한 소식을 함께 보내는 것이 좋다. 교회 핵심사역 과정을 위한 주소록에 명단을 올릴 수도 있다.

새들백 교회는 101과정을 마치고 나서도 교인으로 등록해야 할지 확신이 서지 않는다면 아무 미련이나 추후 어떤 약속도 없이 떠날 수 있도록 한다. 또한 새들백 교회가 정말로 자신에게 적당한 곳이 아니라고 생각한다면, 그들이 더 적합한 다른 교회를 찾을 수 있도록 101과정의 도우미들이 안내해 주기도 한다.

 등록 신청서

교회의 영적 가족이 되기를 원합니다

4가지 요구사항

1. 예수 그리스도께 당신의 생명을 의탁했고 당신의 구원이 그분께 달려 있음을 믿고 그분을 신뢰하십니까?

   ☐ 네 _____ _____
                언제?   어디서?

   ☐ 101과정을 통해서

2. 당신의 생명을 그리스도께 의탁한 후에 세례(침례)를 받으셨습니까?

   ☐ 네 _____ _____
                언제?   어디서?

   ☐ 저는 우리 교회를 통해 세례(침례) 받기를 원합니다.

3. 101과정 "참여 : 나의 영적 가족"을 수료하셨습니까?

   ☐ 네 _____
                날짜

4. "등록 교인 서약"을 지키기로 결심하셨습니까?

   ☐ 네, 그렇습니다.

_____ 년 _____ 월 _____ 일   신청자 : _____

"우리 교회의 영적 가족이 되신 것을 환영합니다!"

이제 무엇을 해야 할까요?

"목적이 이끄는 삶의 진행 과정"

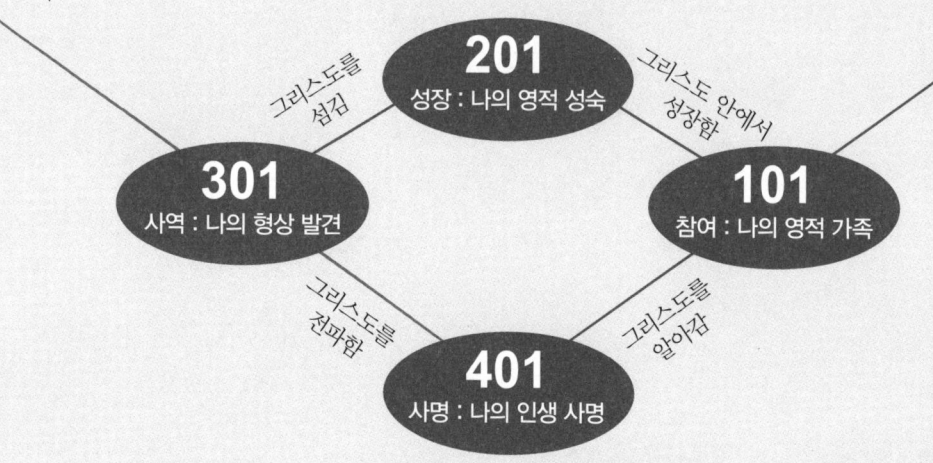

당신은 우리 교회가 성도들의 성장을 위해 제공하는
4단계 과정의 첫 단계를 마무리했습니다.

"이제 201과정을 향해 나가십시오!"

이제 여러분들은 1루 베이스를 밟으셨습니다. 축하드립니다. 그러나 주자는 베이스에 남아 있어서는 공로를 인정받지 못합니다. 그러므로 가서 홈런을 치시길 원합니다. 먼저 2루 베이스로 가서 201과정에 참석하십시오.

새들백 이야기 :

새들백에서는 이 모든 네 개의 과정을 마치고 나면 수료자에게 자그마한 마름모꼴의 핀을 선물합니다. 야구장처럼 생긴 이 핀은 새들백의 기본 과정(열여섯 시간)을 마쳤음을 말해 줍니다.

　새들백의 네 가지 기본과정을 모두 끝내면 홈으로 돌아가서 다른 프로그램에 참석할 수 있도록 합니다. 성숙에 대한 200대 수준의 강의들에 참석하실 수 있습니다. 200대 수준의 프로그램에는 성경 연구 방법, 응답 받는 기도, 유혹 극복하기, 구약 개요, 신약 개요, 마태복음 연구 등의 강의들이 준비되어 있습니다. 다음에는 사역에 대한 300대 수준의 강의에 참석할 수 있습니다. 프로그램으로는 소그룹 지도법, 어떻게 음악 사역에 참여할 것인가, 장애인 사역에 어떻게 참여할 것인가, 나 자신만의 사역은 어떻게 개발할 수 있는가, 평신도 사역자 되기 등이 있습니다. 다음에는 400대 수준의 강의가 준비되어 있습니다.

인도자를 위한 팁

201과정에 등록하기 위한 필수 조건으로 봉사를 넣어도 좋을 것이다. 기존 봉사위원들과 함께 짝을 이루어 등록교인으로서 처음으로 봉사하는 기쁨을 누릴 수 있도록 격려하라. 봉사를 하지 않더라도 201과정에 등록하기 위해서 적어도 한 달(4주)간의 교회 적응기간을 주기 바란다.

201과정으로 바로 가기 전 참가자의 영적 성장 수준에 따라 선택과정을 들을 수도 있다. 아래의 선택과정을 참고하라. 현재 교회에서 진행되고 있는 다양한 프로그램을 선택과정으로 둘 수 있다.

선택과정	프로그램
102과정	새신자반
103과정	목적이 이끄는 40일 캠페인(매년 1~2회 상설과정)
104과정	목적이 이끄는 삶 소그룹 시리즈(40주)
105과정	구약·신약의 파노라마(디모데 성경연구원)

101과정 초청편지

○○○ 교회에 세 번째 출석하신 교우님께

　귀하가 우리와 함께 계속해서 예배를 드릴 수 있게 되어 얼마나 기쁘게 생각하는지 꼭 알려 드리고 싶어 이 글을 드립니다. 저는 귀하가 우리 교회를 집처럼 편하게 느끼시며 스스로를 우리 교회의 가족의 일원으로 여겨주시기를 바라고 있습니다. 귀하가 진정으로 우리와 한 가족이 되기를 소망합니다.

　101과정에 대해 잠깐 소개하고 싶습니다. 우리 교회는 다양한 신앙배경의 사람들이 출석하기 때문에 우리 교회를 소개하는 과정을 운영하고 있습니다. 우리는 이 과정에서 우리가 믿는 신조에 대해 소개하며, 그 신조대로 어떻게 행하는지 알려 줍니다. 그리고 우리 교회의 간단한 배경에 대해 설명합니다. 후반부에는 귀하가 가지고 계신 질문에 답변을 드리고, 우리 교회의 장래 계획에 대해 소개해 드리며, 또 귀하가 어떻게 교인이 될 수 있는지를 답해 드립니다.
　다음 101과정의 날짜, 시간, 장소가 기록된 게시판을 꼭 참고하십시오. 만일 참석하실 계획이시면 예약을 위해 교회 사무실(○○○-○○○○)로 전화를 주십시오.
　거듭 말씀드리거니와 귀하를 ○○○ 교회 가족으로 환영합니다. 교역자들의 도움이 필요하시면 언제든지 알려 주십시오.

주 안에서 ○○○ 목사 올림